U0630143

国家财政性教育经费投入研究

严 宇 著

中国金融出版社

责任编辑：吕　楠
责任校对：孙　蕊
责任印制：陈晓川

图书在版编目（CIP）数据

国家财政性教育经费投入研究 / 严宇著 . —北京：中国金融出版
社，2020.10
ISBN 978 - 7 - 5220 - 0832 - 5

Ⅰ.①国…　Ⅱ.①严…　Ⅲ.①教育经费—研究—中国　Ⅳ.①G526.72

中国版本图书馆 CIP 数据核字（2020）第 191818 号

国家财政性教育经费投入研究
GUOJIA CAIZHENGXING JIAOYU JINGFEI TOURU YANJIU

出版
发行　中国金融出版社

社址　北京市丰台区益泽路 2 号
市场开发部　（010）66024766，63805472，63439533（传真）
网上书店　http://www.chinafph.com
　　　　　　（010）66024766，63372837（传真）
读者服务部　（010）66070833，62568380
邮编　100071
经销　新华书店
印刷　北京七彩京通数码快印有限公司
尺寸　169 毫米×239 毫米
印张　8.75
字数　151 千
版次　2020 年 10 月第 1 版
印次　2020 年 10 月第 1 次印刷
定价　69.00 元
ISBN 978 - 7 - 5220 - 0832 - 5
如出现印装错误本社负责调换　联系电话(010)63263947

摘 要

教育是民族振兴、社会进步的基石，教育经费是教育发展的物质基础，也是公共财政应该保障的重点。我国历来重视教育的发展，教育在我国处于重要战略地位，但是发展教育，必须加强国家对教育经费的投入，保障国家财政性教育经费的充足。对此，国务院于 1993 年制定的《中国教育改革和发展纲要》明确提出到 20 世纪末，将国家财政性教育经费占 GDP 的比重提高到 4% 的目标。然而，我国财政性教育经费占 GDP 比例在 2012 年才首次实现 4% 的目标。自 1993 年提出 4% 的目标以来，国务院、教育部颁布的多项政策中都提到要逐步使财政性教育经费占 GDP 比例达到 4%，可见国家高度重视教育经费投入问题，但是，为什么国家财政性教育经费占 GDP 的比例一直在低位徘徊，使 4% 目标屡次延期，从提出到实现历经漫长的 20 年。对这一问题的研究一直是教育财政及教育经济研究领域关注的焦点，大多数研究认为是由于我国经济发展水平和政府财政能力不足造成的，但是仅从经济发展水平和政府财政能力分析并不能完全解释问题，还需要考虑国家财政性教育经费占 GDP 的比例达 4% 的政策本身对财政性教育经费投入是否存在影响。基于上述原因，本书除了实证分析财政性教育经费投入的影响因素，特别是 4% 政策对财政性教育经费投入的影响外，还从政策制定和执行的视角分析我国财政性教育经费投入占 GDP 的 4% 目标屡次延期的原因。通过分析，本书得出以下结论：

1. 我国财政性教育经费投入低且来源结构不合理。虽然自改革开放以来，随着国家经济的迅速发展及国家对教育的高度重视，不管是否考虑通货膨胀的影响，国家财政性教育经费投入均呈上升趋势，但是与国际上很多国家对教育的投入相比，我国财政性教育经费的投入依然处于较低水平。此外，预算内教育经费占财政性教育经费的比重在 72.5% ~ 93.2% 变动，且呈上升趋势，预算内教育经费是财政性教育经费的最主要来源，其他组成部分在财政性教育经费中所占比重极低。

2. 我国财政性教育经费投入的增长在不同阶段呈现不同的记忆性。国家财政性教育经费投入是否持续增长对国家制定教育财政政策有重大影响。本书的研究结果表明：财政性教育经费未来的增长或下降与过去的增长或下降趋势不同。在 1978—1993 年，即 4% 政策出台之前的阶段，财政性教育经费的增量具有短记忆性，财政性教育经费增量之间存在负相关；在 1994—2015 年，即 4% 政策出台后，财政性教育经费的增量具有长记忆性，财政性教育经费增量之间存在正相关。

3. 政策压力对财政性教育经费投入的影响在不同地区各异。就全国而言，政策压力对财政性教育经费投入有显著的正面影响，这表明，在其他条件保持不变的情况下，目标值与实际值的差值每增加 1%，财政性教育经费投入占财政支出的比重就会增加 0.242%。分地区看，就东部地区而言，政策压力对财政性教育经费投入有正面影响，但是影响并不显著；就中部地区而言，政策压力对财政性教育经费投入有显著的负面影响，目标值与实际值的差值每增加 1%，财政性教育经费投入占财政支出的比重就会下降 1.565%；就西部地区而言，政策压力对财政性教育经费投入有显著的正面影响，目标值与实际值的差值每增加 1%，财政性教育经费投入占财政支出的比重就会增加 0.167%。

4. 不同类型财政分权对财政性教育经费投入的影响不同。本书将财政分权分为财政收入分权和财政支出分权。无论是全国范围内还是东中西部地区，在所有模型中财政收入分权对财政性教育经费投入始终具有显著的负面影响，这表明，在保持其他条件不变的情况下，财政收入分权不利于提高财政性教育经费投入。无论是全国范围内还是东中西部地区，在所有模型中财政支出分权对财政性教育经费投入始终具有显著的正面影响，这表明，在保持其他条件不变的情况下，财政支出分权有利于提高财政性教育经费投入。

5. 控制变量对财政性教育经费投入的影响在不同地区各异。产业结构对东部地区财政性教育经费投入的影响显著为正，对中部、西部地区的影响为负，但并没显著影响。经济发展水平对全国、中部、西部地区财政性教育经费投入的影响显著为正，对东部地区财政性教育经费投入的影响显著为正。少儿抚养比对中部和西部地区财政性教育经费投入具有显著的正面影响，对东部地区和全国来说，没有显著影响。转移支付与财政性教育经费的投入之间存在着显著的负相关，这表明转移支付减少了地方政府对教育的投入。城市化水平对东部地区没有显著影响，对中部地区的影响显著为正，对西部地区的影响显著为负。财政自给度对中部和西部地区没有显著影响，对东部地区的影响显著为正。

6. 政策约束力有限和执行不力使财政性教育经费投入的4%政策目标屡次延期。通过对财政性教育经费投入的影响因素研究可以发现，虽然从全国来看，政策压力对财政性教育经费投入有显著正面影响，但其影响力有限，而且政策压力对不同地区的影响也不同，尤其是对中部地区有显著负面影响，不利于中部地区财政性教育经费的投入；通过对4%政策的制定和执行过程可以发现，受政策本身、政策执行机构及政策环境等方面的影响，各级政府执行4%政策的积极性和主动性不够高，不折不扣地执行4%政策的动力也不足，4%目标延期12年才实现，除了4%政策对财政性教育经费投入的有限约束力外，还在于政策执行不力。

基于研究结论，本书从制度建设、经费管理、政策制定三个方面提出保障财政性教育经费投入的建议。

关键词：财政性教育经费；4%政策；政策压力

目　录

第1章　导论 ……………………………………………………………… 001

　1.1　选题背景及意义 ……………………………………………… 001

　　1.1.1　选题背景 ……………………………………………… 001

　　1.1.2　研究意义 ……………………………………………… 002

　1.2　基本概念界定 ………………………………………………… 003

　　1.2.1　4%政策 ………………………………………………… 003

　　1.2.2　教育经费 ……………………………………………… 003

　　1.2.3　国家财政性教育经费 ………………………………… 003

　1.3　研究问题与内容 ……………………………………………… 004

　　1.3.1　研究问题 ……………………………………………… 004

　　1.3.2　研究内容 ……………………………………………… 005

　1.4　研究方法 ……………………………………………………… 006

　1.5　研究框架及创新点 …………………………………………… 007

　　1.5.1　研究框架 ……………………………………………… 007

　　1.5.2　研究的创新点 ………………………………………… 007

第2章　文献综述与理论基础 …………………………………………… 009

　2.1　文献综述 ……………………………………………………… 009

　　2.1.1　国家财政性教育经费投入的影响因素研究 ………… 009

　　2.1.2　4%政策目标屡次落空的原因及对策研究 …………… 014

　　2.1.3　后4%时代国家财政性教育经费投入保障研究 ……… 016

　　2.1.4　文献评述 ……………………………………………… 020

　2.2　理论基础 ……………………………………………………… 021

　　2.2.1　公共物品理论 ………………………………………… 021

　　2.2.2　财政分权理论 ………………………………………… 023

  2.3 本章小结 ·· 026

第3章 我国财政性教育经费投入分析及政策演变·············· 027
  3.1 我国财政性教育经费投入量分析 ····················· 027
    3.1.1 我国财政性教育经费投入绝对量分析 ········· 027
    3.1.2 我国财政性教育经费投入相对量分析 ········· 030
  3.2 我国财政性教育经费投入长记忆性分析 ············· 034
    3.2.1 理论模型与方法 ································· 035
    3.2.2 样本与数据说明 ································· 037
    3.2.3 财政性教育经费投入的长记性状况 ·········· 037
  3.3 我国教育经费投入制度的变革 ······················ 039
    3.3.1 财政包干制下的教育经费投入制度
          (1978—1992) ······························ 039
    3.3.2 分税制财政体制下的教育经费投入制度
          (1993—1998) ······························ 044
    3.3.3 公共财政体制下的教育经费投入制度
          (1999—2012) ······························ 049
    3.3.4 现代财政制度下的教育经费投入制度
          (2013 年至今) ····························· 054
  3.4 本章小结 ·· 056

第4章 我国财政性教育经费投入的影响因素分析············· 057
  4.1 引言 ·· 057
  4.2 计量模型、变量选取及数据来源与说明 ············· 058
    4.2.1 模型选择 ····································· 058
    4.2.2 变量选取 ····································· 059
    4.2.3 数据说明 ····································· 063
  4.3 研究结果 ·· 064
    4.3.1 基本回归结果 ································· 064
    4.3.2 分地区回归结果 ······························ 069
    4.3.3 稳健性检验 ··································· 079
  4.4 研究结论与分析 ···································· 081
    4.4.1 政策压力对财政性教育经费投入的影响 ······· 081

4.4.2 财政分权对财政性教育经费投入的影响 ……………… 083

4.4.3 控制变量对财政性教育经费投入的影响 ……………… 083

4.5 本章小结 ……………………………………………………… 084

第5章 我国财政性教育经费投入的4%政策分析 …………… 086

5.1 4%政策的制定过程 ………………………………………… 086

5.1.1 4%政策制定背景 ……………………………………… 086

5.1.2 4%政策形成过程 ……………………………………… 087

5.1.3 对4%政策制定过程的思考 …………………………… 093

5.2 4%政策的执行过程 ………………………………………… 093

5.2.1 4%目标的实现历程 …………………………………… 094

5.2.2 政策执行途径 ………………………………………… 097

5.2.3 4%政策执行不力的原因分析 ………………………… 101

5.3 本章小结 ……………………………………………………… 107

第6章 研究结论与建议 ……………………………………………… 109

6.1 主要研究结论 ………………………………………………… 109

6.1.1 我国财政性教育经费投入低且来源结构不合理 ……… 109

6.1.2 我国财政性教育经费投入在不同阶段呈现
不同的记忆性 ………………………………………… 109

6.1.3 政策压力对财政性教育经费投入的影响在
不同地区各异 ………………………………………… 110

6.1.4 不同类型财政分权对财政性教育经费投入的
影响不同 ……………………………………………… 110

6.1.5 控制变量对财政性教育经费投入的影响在
不同地区各异 ………………………………………… 111

6.1.6 政策约束力有限和执行不力使教育经费投入的
4%目标延期实现 ……………………………………… 111

6.2 政策建议 ……………………………………………………… 111

6.2.1 以制度保障财政性教育经费的投入 …………………… 111

6.2.2 多渠道筹措财政性教育经费，优化其来源结构 ……… 113

6.2.3 教育经费政策的制定要因地制宜 ……………………… 113

6.3 研究的不足与展望 …………………………………………… 114

6.3.1 研究数据 ………………………………………… 114

6.3.2 变量设置 ………………………………………… 114

6.3.3 研究内容 ………………………………………… 114

参考文献………………………………………………… 116

图表索引

图 1　文章技术路线图 ……………………………………………… 007

图 2　1978—2015 年国家财政性教育经费投入情况 …………… 029

图 3　1978—2015 年国家财政性教育经费投入增长情况 ……… 030

图 4　1978—2015 年国家财政性教育经费投入占 GDP 的比例 … 032

图 5　1978—2015 年国家财政性教育经费投入占教育
　　　总经费的比例 ……………………………………………… 033

图 6　国家财政性教育经费占财政收支的比例 ………………… 034

图 7　1978—1992 年我国财政性教育经费、财政收入及
　　　GDP 增长趋势 …………………………………………… 042

图 8　1985—1992 年我国教育费附加增长趋势 ………………… 043

图 9　1993—1999 年财政性教育经费占财政支出及
　　　GDP 的比例 ……………………………………………… 046

图 10　1994—1998 年我国财政性教育经费增长趋势 ………… 047

图 11　我国生均公用经费增长情况 …………………………… 048

图 12　财政性教育经费、财政收入、生均公用经费增长率 …… 052

图 13　1999—2012 年我国财政性教育经费占 GDP 及
　　　财政支出的比例 ………………………………………… 052

图 14　2012—2016 年财政性教育经费占比情况 ……………… 055

表 1　国家财政性教育经费的构成 …………………………… 004

表 2　国外学者关于财政性教育经费投入影响因素研究 ……… 012

表 3　国内学者关于财政性教育经费投入影响因素研究 ……… 014

表 4　1978—2015 年国家财政性教育经费投入情况 …………… 028

表 5　1978—2015 年财政性教育经费占比情况 ………………… 031

表 6　主要数据基本统计量分析 ……………………………… 037

表 7　财政性教育经费投入的 H 指数估计结果 ……………… 038

表 8　预算内教育经费投入的 *H* 指数估计结果 ·············· 039

表 9　1978—1992 年我国财政性教育经费投入情况 ·············· 041

表 10　1979—1992 年我国财政性教育经费增长情况 ·············· 042

表 11　1985—1992 年我国教育费附加情况 ·············· 043

表 12　1993—1998 年我国教育经费投入情况 ·············· 046

表 13　1994—1998 年我国财政性教育经费、财政收入及
　　　　GDP 增长情况 ·············· 047

表 14　1993—1998 年我国生均公用经费情况 ·············· 047

表 15　1993—1998 年教育经费来源结构及比重 ·············· 048

表 16　1999—2012 年财政性教育经费增长率及占比情况 ·········· 051

表 17　1999—2011 年教育经费来源结构及比重 ·············· 053

表 18　财政分权的测量指标表 ·············· 060

表 19　变量详细说明 ·············· 062

表 20　变量的描述统计 ·············· 063

表 21　财政性教育经费投入影响因素回归结果 ·············· 064

表 22　加入地区变量的基本回归结果 ·············· 067

表 23　东部地区财政性教育经费投入影响因素回归结果 ·········· 069

表 24　中部地区财政性教育经费投入影响因素回归结果 ·········· 073

表 25　西部地区财政性教育经费投入影响因素回归结果 ·········· 076

表 26　剔除直辖市观测值后的回归 ·············· 080

表 27　政策议程设置的模式 ·············· 090

表 28　1993 年以来关于 4% 目标的政策法规及重要文件 ·········· 094

表 29　三种政策执行研究途径的比较 ·············· 101

第1章

导论

1.1 选题背景及意义

1.1.1 选题背景

教育是民族振兴、社会进步的基石，充足的教育经费是教育发展的前提和物质保障，也理应是公共财政的首要保障对象。人力资源是我国经济社会发展最宝贵的资源，国家之间的竞争归根到底是人力资源的竞争，教育是开发人力资源的重要渠道，世界各国已经通过大力发展教育，把教育放在战略位置来增强其国际竞争力和综合实力。我国作为一个人力资源极其丰富的国家，也高度重视教育的发展。1982 年党的十二大提出把教育作为经济发展的战略重点之一；1987 年党的十三大提出把发展教育事业放在突出的战略位置；党的十四大、十五大、十六大都提出教育优先发展战略；党的十七大和十八大又进一步提出"优先发展教育，建设人力资源强国""努力办好人民满意的教育"等目标。这都体现了教育在国家发展中处于重要战略地位，但优先发展教育，必须加强国家对教育经费的投入，保障国家财政性教育经费的充足。

为了保障国家财政性教育经费的充足，国家组织科研机构对财政性教育经费投入问题进行研究。早在 20 世纪 80 年代末，教育主管部门就开始关注并研究财政性教育经费投入究竟应该在国民生产总值中占多大比例的问题，在综合考虑国际经验和中国实际的基础上，初步提出了到 2000 年将该比例提高到 4% 的目标。为此，党和政府先后出台了一系列行政法规或者政策性文件，例如，1993 年到 20 世纪末逐步将财政性教育经费投入占 GDP 的比重提高到 4% 这一目标被纳入国务院颁布的《中国教育改革和发展纲要》

中；1998 年教育部发布《面向 21 世纪教育振兴行动计划》，再次明文指出要以《教育法》和《中国教育改革和发展纲要》为指引，努力实现 4% 目标。2006 年党的十六届六中全会通过的《中共中央关于构建社会主义和谐社会若干重大问题的决定》提出，提供教育公共服务是各级政府的职责，必须确保财政性教育经费投入的增幅高于财政经常性收入增幅，逐步实现 4% 目标。2010 年国务院颁布的《国家中长期教育改革和发展规划纲要（2010—2020 年）》明确提出，要逐步提高国家财政性教育经费支出占 GDP 比例，在 2012 年达到 4%。2011 年为确保国家财政性教育经费投入占 GDP 比例达到 4%，国务院出台了《关于进一步加大财政教育投入的意见》。2012 年全国"两会"期间发布的《政府工作报告》提到中央财政已经按照 4% 目标编制预算，并要求地方财政作出相应安排以确保 4% 目标的实现。

虽然国家出台了一系列政策法规以确保实现 4% 目标，但是从 1993 年以来国家财政性教育经费占 GDP 比例的数据看，情况却不容乐观。1993 年至 2006 年间，国家财政性教育经费占 GDP 比例都低于 3%，基本上在 2.5%，2007 年至 2010 年间，国家财政性教育经费占 GDP 比例在 3.2% 左右波动，2012 年国家财政性教育经费占 GDP 比例才从 2011 年的 3.93% 提高到 4.28%，首次实现 4% 目标。自 1993 年提出 4% 目标以来，国务院、教育部颁布的政策及总理的《政府工作报告》中都提到要逐步使财政性教育经费占 GDP 比例达到 4%，可见国家高度重视教育经费投入问题，但是，为什么国家财政性教育经费占 GDP 的比例一直在低位徘徊，使 4% 目标从提出到实现历经漫长的 20 年？

对这一问题的研究一直是教育财政及教育经济研究领域关注的焦点，大多数研究认为是由于我国经济发展水平和政府财政能力不足造成的，但是跨国比较可以发现经济发展水平不如中国的巴西、蒙古等国家教育经费占 GDP 的比例都高于中国。很显然，仅从经济发展水平和政府财政能力分析并不能完全解释问题，还需要考虑国家财政性教育经费占 GDP 的比例达 4% 的政策对财政性教育经费投入是否存在影响。

1.1.2　研究意义

本书主要探究我国财政性教育经费投入影响因素，尤其是 4% 政策对国家财政性教育经费投入的影响。在 4% 的投入目标已经实现，党的十八届三中全会要求建立现代财政制度的背景下，对这一问题的研究有重要意义。

首先，丰富了教育财政与教育政策研究的内容。目前，对教育经费的影响因素研究主要集中在财政分权、财政能力等方面的分析，且思辨研究比定量研究多，更缺乏从教育经费投入政策的视角去研究这一问题，本书不仅通过实证研究去分析财政性教育经费投入的影响因素，还从政策制定和执行的视角对财政性教育经费投入的 4% 政策进行分析，丰富了教育财政和教育政策的研究内容。

其次，本书为政府对教育经费的投入行为提供经验证据。2012 年国家财政性教育经费占 GDP 比例达到 4% 的目标已经实现，我国教育财政投入进入后 4% 时代，在后 4% 时代，教育财政投入应该何去何从？对此问题，学术界主要存在两种不同观点，第一种观点认为应该继续推行财政性教育经费投入与国内生产总值挂钩的投入模式，第二种观点认为要通过建立及完善教育财政投入制度、管理制度及法律制度来保障国家财政性教育经费投入。虽然学者们从制度、法律等方面对问题进行了研究，但这些解决问题的方法缺乏实证上的分析，本书通过实证的方法验证国家财政性教育经费的影响因素，特别是 4% 政策对国家财政性教育经费的影响，为后 4% 时代国家财政性教育经费投入行为提供证据。

1.2　基本概念界定

1.2.1　4% 政策

本书将 4% 政策界定为国家为解决教育经费短缺问题，参考国际上对财政性教育经费投入情况，结合我国的社会、经济发展水平、教育发展需求而制定的一项保障财政性教育经费投入持续稳定增长的政策。

1.2.2　教育经费

教育经费指整个社会用于发展各级教育事业的投入总额，主要包括国家财政性教育经费、民办学校中举办者投入、社会捐赠经费、事业收入（含学费）及其他教育经费。其中国家财政性教育经费可视为政府投入，而除此之外的教育经费可视为非政府投入。

1.2.3　国家财政性教育经费

国家财政性教育经费指国家财政投入在各级各类教育中的总和。是衡量政府对教育投入努力程度的指标，与国际上使用的公共教育经费统计口径相比，财政性教育经费统计口径更广，我国财政性教育经费主要包括预算内教育经费、各级政府征收用于教育的税费、企业办学中的企业拨款、校办产业和社会服务收入用于教育的经费这四个部分。各部分具体内容如表1所示。

表1　国家财政性教育经费的构成

国家财政性教育经费	预算内教育经费	指在本年度内中央、地方各级财政或上级主管部门安排，并划拨到各级各类学校、单位，列入国家预算支出科目的教育经费，包括教育事业费拨款、科研经费拨款、基建拨款和其他经费拨款
	各级政府征收用于教育的税费	指税务等相关部门向社会征收并用于发展教育的费用，此类税费主要指教育费附加，具体包括城市教育费附加、农村教育事业费附加及地方教育费附加
	企业办学中的企业拨款	指中央和地方所属企业在企业营业外资金列支或企业自有资金列支而拨给所属学校的经费
	校办产业和社会服务收入用于教育的经费	指在教学和科学研究活动外，进行非独立核算经营活动所取得的用于教育的部分经费

资料来源：《中国教育经费统计年鉴》。

1.3　研究问题与内容

1.3.1　研究问题

本书主要从实证分析和政策分析的视角研究为什么国家财政性教育经费占 GDP 的 4% 目标经历了艰难的 20 年才实现？这个问题实质上就是对国家财政性教育经费投入的影响因素进行研究。虽然对财政性教育经费投入的影响因素研究已有很多成果，并且已有研究基本都认为财政分权、经济发展水平、政府财政能力、产业结构等对国家财政性教育经费投入有影响，但是，现有研究在对其影响因素进行分析时却很少将教育经费投入政策的影响考虑在内，尤其是教育经费投入政策内最重要、最具影响力的 4% 政策，因此，本书重点关注 4% 政策对国家财政性教育经费投入是否存在影响。

本书主要从两个方面进行研究：第一，实证分析财政性教育经费投入的状况及影响因素；第二，从政策分析的视角对国家财政性教育经费投入的 4% 政策进行分析。在实证分析部分，首先对历年国家财政性教育经费、预算内教育经费的比例进行记忆性分析，在记忆性分析方面主要基于分数布朗运动模型，对历年国家财政性教育经费、预算内教育经费的赫斯特指数进行计算，以判断历年国家财政性教育经费投入的增长、预算内教育经费投入的增长过程是否具有长记忆性，若其增长过程不具有长记忆性，则 4% 政策在促进财政性教育经费投入过程中没有表现良好的持续性。对记忆性进行实证分析之后，本书将通过建立计量模型对财政性教育经费投入的影响因素进行研究，特别是 4% 政策对它的影响。在实证部分的研究完成之后，本书还将从政策制定和政策执行过程这两个角度对 4% 政策进行分析，了解为什么财政性教育经费投入的 4% 目标屡次延期，迟到了 12 年才实现。

1.3.2 研究内容

结合所要研究的问题，本书主要从以下几章展开分析，各章主要内容如下所示：

第 1 章为导论。本章主要对研究主题 4% 政策与财政性教育经费投入之间的关系研究进行总体性阐述。主要包括研究背景及意义，所使用的研究方法，研究问题的概括性说明和分析，指出研究的创新点等。

第 2 章为文献综述与理论基础。首先，分别从国家财政性教育经费投入的影响因素，4% 政策目标屡次落空的原因及对策研究，实现 4% 目标后如何保障财政性教育经费投入这几个方面的文献进行综述；其次，对本章的理论基础进行概括。

第 3 章为我国财政性教育经费投入分析及政策演变。本章主要是为了了解财政性教育经费投入状况、特点及其投入制度演变过程。首先，对 1978—2015 年财政性教育经费投入的总体情况进行分析。其次，基于分数布朗运动理论，运用重标极差法计算财政性教育经费投入的赫斯特指数，以了解财政性教育经费投入的特点。最后，结合 1978 年以来我国财政体制的变革，将财政性教育经费投入制度变革分为财政包干制下的教育经费投入制度、分税制财政体制下的教育经费投入制度、公共财政体制下的教育经费投入制度、现代财政制度下的教育经费投入制度这四个阶段，并对不同阶段教育经费投入制度和投入特点进行梳理与分析。

第 4 章为我国财政性教育经费投入的影响因素分析。本章建立了财政性教育经费投入影响因素分析的计量模型，构建了财政分权、政策压力等指标，采用 1997—2015 年共 19 年的 31 个省级面板数据，分析财政性教育经费投入的影响因素。

第 5 章为我国财政性教育经费投入的 4% 政策分析。本章分别从政策的制定过程和执行过程对 4% 政策进行分析，探究财政性教育经费投入的 4% 目标屡次延期，迟到了近 12 年才实现这一目标的原因。

第 6 章为研究结论与建议。本章主要概括了通过实证分析和政策分析得出的结论，根据已有研究结论提出相应的政策建议，并在此基础上对本研究的不足进行总结和探讨，对进一步的研究方向作出展望。

1.4　研究方法

本书基于选题、数据特征和研究问题，采用定性分析与定量分析相结合的方法，具体如下：

（1）文献综述法：在阅读已有文献的基础上，对财政性教育经费投入现状、问题，财政性教育经费投入的影响因素，如何保障财政性教育经费的投入等相关研究文献进行综述，了解该领域最新的研究成果，为本研究的研究设想和思路提供指导。

（2）描述统计法：将我国不同时期全国及各省的财政性教育经费、预算内教育经费、财政支出、国内生产总值等数据进行描述性统计分析，了解不同时期国家财政性教育经费、政府财政能力、国家经济发展水平现状。

（3）计量分析法：首先，基于分数布朗运动模型，运用重标极差分析法（R/S 方法），使用 python 软件来计算 1978—2015 年国家财政性教育经费和预算内教育经费的赫斯特指数，并以此来判断我国财政性教育经费投入是否具有良好的持续性。其次，利用 1978—2015 年的省级面板数据，使用 stata13 软件通过回归分析方法，对国家财政性教育经费投入的影响因素进行分析。

（4）政策分析法：运用政策学领域的相关理论对 4% 政策的制定过程和执行过程进行详细分析，以了解 4% 政策在制定和执行过程中出现的问题，为今后教育经费政策的制定和执行提供经验。

1.5　研究框架及创新点

1.5.1　研究框架

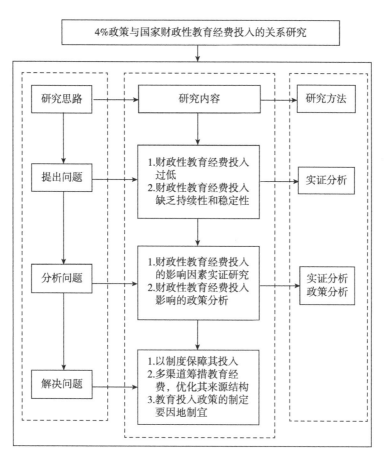

图1　文章技术路线图

1.5.2　研究的创新点

本书在已有研究成果的基础上，在以下两个方面有所扩展：

第一，对财政性教育经费投入影响因素研究进行了拓展。目前国内学者对于我国财政性教育经费投入影响因素的研究大多从经济发展水平、产业结构、政府财政能力等方面进行分析，且以思辨分析为主，忽略了教育经费政策对教育投入的影响，本书除了分析经济发展水平、产业结构等对教育投入的影响外，还设置了政策压力变量用于考察4%政策对教育投入的影响。

第二，充实了财政性教育经费投入状况分析的研究方法。当前，对于财政性教育经费投入状况的分析，更多地在于对历年教育经费投入数据进行简单的描述统计分析，了解教育经费投入的现状，而本书除了对历年财政性教育经费数据进行描述分析外，还基于分数布朗运动理论，使用重标极差法，计算财政性教育经费投入的赫斯特指数，用于判断财政性教育经费投入的趋势。

第 2 章

文献综述与理论基础

目前关于国家财政性教育经费投入研究主要集中在财政性教育经费的投入总量、分配结构、使用效率、国际比较、影响因素及如何保障教育经费的投入等问题上。基于研究需要，本章主要从国家财政性教育经费投入的影响因素，4%政策目标屡次落空的原因及对策，实现4%目标后如何保障财政性教育经费投入这几个方面进行综述。

2.1 文献综述

2.1.1 国家财政性教育经费投入的影响因素研究

影响国家财政性教育经费投入的因素很多且比较复杂，经济发展水平、人口数量、财政体制、腐败等都对财政性教育经费投入有影响。很多国内外学者通过实证方法研究国家财政性教育经费投入的诸多影响因素，但得出的结论存在差异，不同阶段教育经费投入的影响因素不同，在不同国家同一变量对教育经费投入的影响也不一样，这也说明了该问题非常复杂，不同的国体、政体及不同的指标选择都会对研究结论有所影响。

Kim S. H. 和 Price F. W. （1977）使用美国堪萨斯州州立大学 1964—1972 年的数据探讨了堪萨斯州高等教育支出的影响因素，研究表明，人均收入、K-12 级学生人数、公立高等教育入学率、高等教育机构教师人数、公共教育总支出对公共高等教育有积极显著影响，联邦政府对州公立高等教育的资助有负向影响。Mauro P（1998）在研究腐败与政府支出结构之间的关系时发现，腐败对公共教育支出有显著的负向影响，随着腐败程度提高，教育支出在公共支出中的占比不断下降。这是因为不同支出项目从事贪腐活动的难易程度是不同的，政府官员越腐败，投入到容易索贿受贿的基础设施建设中的公共支出也越多，相应地用于公共教育的经费也就越少。Fernandez R 和 Rogerson R（2001）使用 1950—1990 年面板数据对美国 48 个州的公共教育支出影响因素进行分析，从国家层面来说，1970—1990 年的研究表明个人收入和学生人数是影响生均教育支出的重要因素，65 岁以上人口数对生均教育支出也有影响，但是 1950—1970 年的研究却表明收入、学生人数、65 岁以上人口数不能解释公共教育支出的增长，出现这种情况的原因可能有三个：首先，美国在 50 年代左右经历过大萧条和"二战"，这导致 50 年代教育投入极其低，因此，在接下来的年份教育投入增长高于收入增长；其次，国家日益感受到教育对经济增长的重要作用；最后，国防教育法促进了教育的投入。另外，从单个州来说，收入对教育投入的影响随着时间的推移基本保持不变，教育投入并没有随收入、学生人数和人口的变化而发生较大变化。Faguet J P（2004）通过对玻利维亚公共投资模式的研究表明，财政分权有利于教育、农业、城市发展、卫生等公共服务领域投入的增加。Granado F J A D 等（2005）使用 45 个发达国家及发展中国家 28 年的面板数据，基于蒂伯特选择理论等对财政分权与公共支出结构之间的关系进行研究，研究表明财政分权使教育和卫生支出在公共支出中的比重上升，而且相对于工业化国家来说，财政分权对发展中国家公共支出结构的影响更大。Fiva J H（2006）使用 18 个 OECD 国家的面板数据，分析财政分权与政府规模之间的关系，研究表明财政分权对政府规模和结构有影响，财政收入分权会减少政府支出规模，财政支出分权会增加政府支出规模。Busemeyer M R（2007）使用 1980—2001 年 21 个 OECD 国家的数据对公共教育支出的影响因素进行分析，探讨了社会经济背景变量、制度变量、人口学背景变量、政党变量对公共教育支出的影响，研究表明经济发展水平、公共社会支出水平、财政分权度、选举结构、5～29 岁人口占总人口比例是公共教育支出的重要影响因素。人均 GDP 越高，公共教育支出越多，但是这种关系仅在使用横截面数据时成立；GDP 增长和公共教育支出之间存在负相关关系；5～29 岁人口占总人口的比例越高，公共教育支出越高；财政分权度越高，公共教育支出越多。公共社会支出越多，公共教育支出越多。Verbina I 和 Chowdhury A（2004）使用 1999—2000 年面板数据对俄罗斯 88 个地区公共教育支出的影响因素进行分析，研究表明收入、学生人口占总人口的比例越高，政府对教育的投入越多，人口密度越高，政府对教育的投入越少，不同地区对教育支出也有不同影响。Gius M P（2006）使用美国 50 个州 1987—2000 年的面板数据研究了 ADA（the Americans with Disabilities Act）对州公共教育支出（生均公共教育支出）的影响，研究认为 ADA、州人均收入、人口密度对公共教育支出有积极显著影响；州学生人口数、州 65 岁以上人口占州总人口的比例对州公共教育支出有负面影响。虽然本研究重点探讨 ADA 对公共教育支出的影响，但研究认为 ADA 对公共教育支出的影响不如社会经济变量影响大。Busemeyer M R（2007）分别使用 1980 年和 1990 年 21 个 OECD 国家的横截面数据、21 个 ODEC 国家 1980—2001 年的面板数据研究财政分权与公共教育支出之间的关系。使用横截面数据的回归分析表明财政分权、15 岁以下人口占总人口的比例对公共教育支出有积极显著的影响；使用面板数据的研究表明滞后一期的公共教育支出、财政分权对公共教育支出也有积极显著的影响；人均收入对公共教育支出有显著的负面影响。Busemeyer M R（2009）在控制经济社会及人口学背景变量后重点探讨了政党对公共教育支出及各级公共教育支出的影响。研究表明，在不同层级教育之间，政党对公共教育支出的影响不同，社会民主党对公共教育支出及公共高等教育支出有积极显著影响；与初等教育、中等教育相比，社会民主党更倾向于将资金投入高等教育。Potrafke N（2010）的研究表明政府意识形态对公共教育支出和文化事务有影响。不同意识形态的政府代表不同利益群体，左翼政府所代表的利益群体通常从初等教育受益较多，而右翼政府所代表的利益群体从高等教育受益较多，因此，左翼政府倾向于提高初等教育支出而右翼政府倾向于提高高等教育及文化事务支出。另外，6～15 岁及 6～20 岁人口占总人口的比例对公共教育支出都没有显著影响。Baskaran T 和 Hessami Z（2012）使用 104 个 OECD 国家 1992—2006 年的面板数据，通过回归分析对各级公共教育支出与全球化之间的关系进行研究。研究表明无论是工业化国家还是发展中国家，全球化使国家减少对初等教育的投入，提高对中等教育和高等教育的投入；滞后一期的公共教育支出占 GDP 的比例对公共教育支出有积极影响，这说明前期教育投入对后期教育投入有影响；高等教育入学率越高，高等教育支出越多；国家越民主，对高等教育的投入越少；人均 GDP 对各级教育投入都没有影响；左翼政府比右翼政府在中等教育上投入更多。Molina - Moraies A 和 Amate - Fortes I（2013）等使用 1996—2009 年 33 个 OECD 国家的面板数据对公共教育支出的影响因素进行分析。作者认为影响公共教育支出的因素主要有经济、人口学背景变量，及制度变量，本章重点探讨制度变量对公共教育支出的影响，研究表明社会、经济、民主发展程度越高的国家，公共教育支出越高。Ness E C 和 Tandberg D A

（2013）使用美国50个州1988—2004年的面板数据分析政治因素、高等教育特征及经济和人口因素对州高等教育支出的影响。研究表明政治因素是州高等教育支出最重要的因素，政治因素中州长的预算权力对一般高等教育支出有积极显著的影响，对高等教育资本支出有显著的负面影响；政治意识形态对一般高等教育支出没有积极显著影响，但对高等教育资本支出有积极显著影响；州政府对医疗的支出、对高等教育一般支出有显著的负面影响，但对高等教育资本支出没有显著影响。Gur N等（2015）通过对34个国家的微观数据研究表明信任对公共教育支出有重要影响，公众对政府、对他人信任度越高，国家对公共教育的投入越高。即使在控制了性别、受教育程度、家庭规模、年龄、宗教信仰等变量后，这一结论依然成立。关于国外教育经费投入的影响因素的部分研究如表2所示。

表2　国外学者关于财政性教育经费投入影响因素研究

作者	数据	主要解释变量	主要研究结论
Fernandez, Rogerson	1950—1990年美国48个州的面板数据	学生人数、人口数量、个人收入	个人收入、学生人数影响生均教育支出
Verbina, Chowdhury	1999—2000年俄罗斯88个地区的面板数据	收入、中学生人口占总人口的比例	收入、总人口中学生人口比例对教育支出有积极影响
Busemeyer	1980—2001年21个OECD国家的面板数据	财政分权、经济发展水平	财政分权度越高，人均GDP越高，公共教育支出越多
Potrafke	1974—2006年德国的横截面数据	政府意识形态	左翼政府倾向于提高初等教育投入
Baskaran, Hessami	1992—2006年104个OECD国家的面板数据	全球化	全球化使国家减少对初等教育的投入，提高对中等教育和高等教育的投入
Molina - Moraies, Amate - Fortes	1996—2009年33个OECD国家的面板数据	制度	社会、经济、民主发展程度越高的国家，公共教育支出越高
Gur	34个国家的微观数据	信任	公众对政府、对他人信任度越高，国家对公共教育的投入越高

王蓉、杨建芳（2008）使用31个省（自治区、直辖市）2000—2004年的面板数据实证分析我国地方政府公共教育支出的影响因素。研究表明经

济发展水平、所有制结构、产业结构对公共教育支出有显著的负面影响，人口规模、城市化水平等对公共教育支出没有显著影响，省以下财政体制对教育支出占财政总支出的比例存在显著影响。郑磊（2008）利用1997—2005年省级面板数据分析财政分权对地方政府教育支出的影响，研究表明财政分权、政府竞争和政府规模对地方政府教育支出有负向影响，但是不同地区的影响效应不同，对中部地区的影响最大。曹淑江（2010）利用1997—2005年省级面板数据进行实证分析，研究表明地方政府竞争、财政分权、"以县为主"的义务教育体制改革、反腐败、经济发展水平对义务教育支出都有影响。地方政府竞争促进地方政府增加教育投入，财政分权对义务教育支出的影响为负，"以县为主"的义务教育体制改革对义务教育投入影响为正，反腐败能增加义务教育投入。罗伟卿（2010）使用1996—2007年全国地级市面板数据采用GLS回归方法对财政分权与公共教育供给之间的关系进行了实证研究，研究表明财政分权与公共教育支出占GDP的比例及公共教育支出占财政支出的比例有显著负相关关系，财政分权减少了教育供给；财政分权对中学教育供给有积极作用，对小学教育有负面影响。邹俊伟等（2010）通过实证研究认为财政分权和转移支付政策对地方政府教育投入有负向影响，经济发展水平、市场化程度、城市化水平对地方政府投入教育有正向影响，农村税费改革政策提高了政府对教育的投入，不同地区政府教育投入存在差异。聂颖等（2011）使用2000—2009年的省级面板数据实证检验财政分权、地方政府竞争和教育财政支出之间的关系。研究表明在财政性教育经费占GDP比例达到4%的地区，财政分权与教育财政支出不相关，与地方政府竞争呈显著正相关关系；在财政性教育经费占GDP比例未达到4%的地区，财政分权、地方政府竞争与教育财政支出之间存在显著的负相关关系。陈志勇、张超（2012）采用2000—2009年的省级面板数据，从"支出分权"和"收入分权"两个角度分析财政分权对地方政府教育支出影响。研究表明财政分权对地方政府教育支出存在负向影响。杨良松（2013）使用1995—2008年的省级面板数据从省内财政分权和财政自主性角度分析财政分权对教育投入的影响，在控制了中小学人口比重、经济发展水平、城市化水平、对外开放程度和政府规模这些变量后，研究表明省级财政自主性有助于增加财政性教育经费投入占GDP的比重，财政分权对教育投入有正向影响。李成宇、史桂芬等（2014）使用30个省1997—2011的面板数据，采用空间面板模型实证研究中国式财政分权对教育支出的影响。研究表明财政分权、政府竞争、政府规模对教育支出有负向影响。刘亚玲（2018）利用2002—2009年的省级面板数据，从财政收入分权与支出分权两个角度分析财政分权对教育投入的影响。结果表明财政收入分权和财政支出分权都与教育经费投入呈显著负相关关系，并且中部和西部地区财政分权与教育经费投入存在显著负相关，但在东部省份二者之间的负相关关系不显著。赵兴罗、粟小芳（2018）利用2007—2015年的省级面板数据，分析财政分权对地方政府教育支出的影响。研究表明财政收入分权度对地方政府教育支出规模没有显著影响，支出分权度与地方政府教育支出规模呈显著正相关关系。此外，财政分权对中部地区教育支出无显著影响。关于国内教育经费投入的影响因素的部分研究如表3所示。

表3　国内学者关于财政性教育经费投入影响因素研究

作者	数据	主要解释变量	主要研究结论
杨良松	1995—2008年的省级面板数据	财政分权	财政分权对教育投入有正向影响
郑磊	1997—2005年的省级面板数据	财政分权	财政分权对政府教育支出有负面影响
曹淑江	1997—2005年的省级面板数据	财政分权	财政分权对义务教育支出的影响为负
罗伟卿	1996—2007年地级市面板数据	财政分权	财政分权减少了教育供给
陈志勇，张超	2000—2009年的省级面板数据	财政分权	财政分权对地方政府教育支出存在负向影响
李成宇，史桂芬	1997—2011年的省级面板数据	财政分权	财政分权对地方政府教育支出存在负向影响
刘亚玲	2002—2009年的省级面板数据	财政分权	财政分权对地方政府教育投入存在显著负向影响
赵兴罗，粟小芳	2007—2015年的省级面板数据	财政分权	财政收入分权对地方政府教育投入没有显著影响，支出分权对政府教育投入存在显著正向影响

2.1.2　4%政策目标屡次落空的原因及对策研究

国家财政性教育经费投入占GDP 4%这一目标自1993年提出到2012年实现历经了艰难而漫长的19年，比预期实现目标时间晚了12年。因此，在4%政策目标实现之前，学者们对财政性教育经费投入的研究主要围绕为什么4%政策目标未能实现以及怎样实现4%政策目标这两个问题而展开。关于 4% 政策未能实现的主要原因及对策可以归纳为两类，一类观点认为 4% 政策目标难以实现的原因在于政府财政能力不足，需要通过大力发展经济，增加政府财政收入来解决问题；另一类观点认为教育财政投入的制度不完善甚至缺失阻碍了 4% 政策目标的实现，应该从完善甚至制定财政投入的各项制度来保障教育经费的投入。

邓小红、高翔（2004）提出无法实现 4% 目标的主要原因是国家财政收入过低，要实现 4% 目标需要增加财政收入，而增加财政收入就是要提高税收收入，具体措施是在国家宏观税基、税负基本不变及纳税人税负基本不变前提下，积极推行税费改革。樊明成（2008）指出我国财政性教育经费支出占 GDP 4% 未能实现与政府财政能力密切相关，例如财政收入占 GDP 比例过低，财政负担结构不合理，中央财政支出中用于教育的比例低，经济发展不平衡。为了实现 4% 目标国家需要确保财政性教育经费支出在各级政府财政支出中的适当比例，加大中央政府和省级政府的教育财政转移支付力度，加强国家教育投入立法及监督工作，保障教育经费投入。张宝文（2011）认为财政收入占 GDP 的比例过低、财政性教育经费支出占财政支出的比例偏低是 4% 政策目标难以实现的主要原因。另外，4% 政策目标是国家财政性教育经费投入的总量指标，国家对各级政府财政性教育经费支出究竟应该是多少没有刚性规定、考核指标及责任追究机制，导致各级政府目标不明确，责任不清楚，政府教育投入努力程度不一致也对 4% 政策目标的实现有不利影响。为了顺利实现 4% 目标，首先，各级政府需要大力发展经济，增加财政收入以保障教育经费的投入；其次，建立切实可行的与各级政府教育规模及财政收支相适应的教育经费投入分担机制；最后，建立严格的教育经费投入监督、审计考核制度，实行 "一把手" 负责制和问责制。马志远（2011）比较分析了我国与 OECD 主要成员国在财政收入及教育支出结构上的差异，认为我国财政收入占 GDP 的比重与发达国家相比差距并不大，财政性教育支出占 GDP 比例偏低影响了 4% 目标的实现。要实现 4% 目标，应该调整财政预算支出结构，加大教育投入；提高我国教育支出占财政支出比重；充分挖掘财政性教育收入中的其他来源收入。

周洪宇（2008）指出政府对教育经费投入缺乏刚性指标约束是 4% 目标难以实现的主要原因，要使各级政府加大对教育经费的投入，实现财政性教育经费占 GDP 4% 目标，必须将财政性教育经费投入增长纳入地方政府政绩考核指标体系，具体来说包括提高认识，统一思想；制定教育投入法规，形成有效的保障机制；完善教育财政预算决算程序；明确责任，严格考核；

加强监督和检查。周元武（2010）认为财政收入占 GDP 的比重偏低、现行财政体制、地方财政能力不足是制约 4% 目标的重要原因，要实现财政性经费占 GDP 的 4% 目标，需要从以下几个方面入手：首先，要发展经济，提高各级政府的财政收入从而加大教育投入；其次，完善财政管理体制，积极调整政府财政支出结构，把教育作为财政支出的重点领域给予保障；最后，建立统一的监测评估指标体系，确立合理评估标准，实行责任制与问责制。熊筱燕、王沛鲁（2010）指出国家教育管理体制和分税制财政体制造成的教育经费投入责任划分不合理，相关法律法规的不完善导致政府对教育的投入不足，我国财政性教育经费占 GDP 4% 目标难以实现。要实现 4% 目标需要构建公共财政制度，明确各级政府对教育的职责，建立教育经费分担及分配机制。秦福利（2011）认为地方政府财权大事权小、财政支出结构不合理以及财政收入占 GDP 比重偏低是 4% 目标难以实现的主要原因，因此为了实现 4% 目标，需要通过完善中央财政转移支付制度，合理确定中央政府与地方政府之间的财权、事权；改革税收政策，提高财政收入占国内生产总值的比重；规范地方政府行为，彻底贯彻落实教育优先发展战略等措施确保地方政府加大对教育的投入。文新华、鲁莉（2012）指出影响 4% 目标实现的重要因素是现行财政体制，因此需要完善现有财政体制，建立 4%的统筹协调机制，具体来说应该使各级政府事权和财权相统一，调整税收分配比例，强化和完善 4% 目标的预算和预算执行机制、目标责任制度、绩效考核制度和监督体制。张茂林（2012）指出 4% 政策目标一再落空，一是因为我国教育财政投入的制度设计缺失，现有教育财政投入制度缺乏有效而具体的安排；二是我国教育财政投入制度执行不力，教育投入指标在政绩考核中无关紧要，官员执行 4% 政策有效激励缺乏；三是我国教育财政投入缺乏有效监督。应该从完善教育财政投入的制度设计、强制执行教育财政的投入制度、加强教育财政投入的执行监督这三个方面解决问题。

2.1.3 后 4% 时代国家财政性教育经费投入保障研究

经过各级政府部门及社会各界的共同努力，2012 年财政性教育经费投入占 GDP 的 4% 目标终于实现，我国财政性教育经费投入进入新阶段，后4% 时代，财政性教育经费投入应该何去何从？2013 年 11 月，中国共产党第十八届三中全会通过了《中共中央关于全面深化改革若干重大问题的决定》（以下简称《决定》），在深化财税体制改革部分，《决定》中明确提出清理规范重点支出同财政收支增幅或国内生产总值挂钩事项，一般不采取挂钩方式。虽然这一改革方向没有明确指出是教育支出，但是科教兴国是我国的基本国策、教育优先发展是我国坚持的发展战略，财政性教育经费投入占 GDP 的 4% 也一直是政府努力实现的目标，国家对教育的投入理所应当是重点支出，在教育支出不宜采取挂钩方式背景下，针对后 4% 时代我国财政性教育经费应该如何保障问题，学术界存在不同观点。部分学者认为在国家财政性教育经费投入逐年增加及国家公共财政体制逐渐完善背景下，财政性教育经费投入不应继续采取与 GDP 挂钩的方式，应该以制度规范建设保障财政性教育经费投入。另一部分学者认为财政性教育经费投入与 GDP 挂钩，对各级政府编制财政收支预算，保障最基本的教育经费需求方面起着积极作用，在资源有限，而需求无限的情况下，我国财政性教育经费暂时还不宜与 GDP 和财政收支脱钩。综合上述不同观点，本章将后 4% 时代国家财政性教育经费投入保障归纳为以下两种形式。

（一）教育经费投入的指标挂钩型保障研究

2012 年国家财政性教育经费投入占 GDP 4% 目标的实现，在中国教育财政投入史上具有划时代意义，但是对于教育发展而言，4% 政策目标仅仅是"及格线"而非"锦标线"，我国教育经费投入水平虽然有很大提高，但是与 4.9% 的世界平均水平和 OECD 国家 6.1% 的平均水平相比还有一定差距，财政性教育经费投入占 GDP 的比例仍有提升空间。此外，受国家财政体制和官员晋升制度的影响，政府在安排财政支出时对教育等民生类支出缺乏积极性，将财政性教育经费投入指标与 GDP 挂钩能制约地方政府支出行为，保障教育经费投入持续稳定的增长。

岳昌君、丁小浩（2003）使用 1986—1997 年新加坡以及 53 个人口在 1000 万以上大国的数据通过建立计量回归模型，研究 GDP 与财政性教育经费投入占 GDP 的比例之间的关系。研究表明人均 GDP 每增加 1%，财政性教育经费投入占 GDP 的比例将增加 0.0041 个百分点。随后他们通过国际比较，提出我国财政性教育经费投入占 GDP 的比例在 2020 年应该在 4.5% ~ 5% 之间。刘泽云、袁连生（2007）采用 57 个国家的横截面数据通过建立回归模型分析影响财政性教育经费投入占 GDP 比例的因素并对 2020 年我国财政性教育经费投入占 GDP 的比例进行预测，在系统比较世界各国财政性教育经费的投资水平后，建议 2020 年我国财政性教育经费投入占 GDP 的比例应该在 4.3% ~ 4.5% 之间。张宝贵（2009）通过构建教育投入的数学模型，对教育总投入与财政性教育经费投入进行系统定量分析，为确立我国财政性教育经费投入的目标提供了科学合理的依据。在针对如何保障教育财政投入持续稳定增长的问题上，他指出我国要不断提高财政性教育经费支出占 GDP 的比例，即使实现了 4% 目标，在 2020 年该比例也应该努力达到 4.6%~4.7%，而全社会教育投入总额占 GDP 的比例达到 7%，使教育投入水平接近发达国家的平均水平。胡鞍刚、王磊（2010）指出虽然自改革开放以来我国教育财政投入增长速度较快，但是财政性教育经费投入占 GDP 的比重与世界各国相比处于较低水平。因此，他们认为当前财政性教育经费投入难以支撑我国教育事业的迅猛发展，4% 目标只是底线而不是终点。他们通过 2020 年生均教育经费指数、教育投入占 GDP 比重等指标对我国 2020 年教育经费总需求进行预测，进而建议国家将财政性教育经费占 GDP 的比例列为国民经济和社会发展五年规划的重要目标和约束性指标，使该比例在 2020 年达到 4.5%~5.0%。汪丞（2013）认为在实现 4% 目标之后，应该保障财政性教育经费占 GDP 4% 的比例稳步提升，并在 2020 年达到 4.5%~5%，具体来说应该明确教育经费投入增量，合理划分中央和地方地方政府的投入责任；扩宽财政性教育经费的来源渠道，扩大教育经费投入总量。周洪宇、雷万鹏（2013）认为在实现 4% 政策目标之后，为实现教育现代化，加入人力资源强国行列，需要继续加大财政性教育经费的投入，到 2020 年至少达到财政性教育经费占 GDP 的 4.5%，争取达到 5%的战略目标。袁连生（2014）认为财政性教育经费的四个增长和财政性教育经费占 GDP 4% 比例的提出，对政府编制教育预算、优化财政支出结构、保障教育经费基本需求等方面起着标杆作用。如果没有上述指标挂钩的规定，教育经费投入水平一定低于现阶段水平，在地方政府治理结构和支出水平没有显著变化阶段，我国财政性教育经费挂钩的规定，目前只宜规范而不宜脱钩。

（二）教育经费投入的制度建设型保障研究

关于后 4% 时代，我国教育经费投入保障问题方面，一些学者对财政性教育经费投入与 GDP 挂钩提出了质疑。他们的质疑有三点：第一，4% 政策目标是在我国特定历史背景下确定的，历史只能说明过去，不能代表未来，经济发展水平、教育发展在未来都处于不断变化之中，具有很大的不确定性；第二，4% 政策目标是国家层面的，可以理解为各级政府对各项教育投入的总和，这一宏观目标过于模糊，在实际操作过程中会掩盖许多具体问题，例如，教育投入在各级政府如何安排，理由是什么，缺乏解释；第三，公共教育经费占 GDP 的比例是国际上用来衡量各个国家教育投入水平和教育财政投入努力程度的指标，它是最终统计的结果，并非投入目标。教育经费投入与 GDP 挂钩在特定历史阶段，对提高教育经费投入水平，发展教育事业起到了举足轻重的作用，但是继续采用此种方式作为保障教育经费投入指标具有一定局限性。因此，大部分学者认为应该从教育财政投入管理制度、法律制度等方面加以建设和完善，从而保障教育经费投入的持续稳定增长。

在教育投入管理制度建设方面：王善迈（2012）认为财政性教育经费占 GDP 4％这一比例是在中国教育经费严重短缺特殊背景下，参考研究结论得出的，是事后统计的结果，不具备可操作性。在 4％目标实现及我国经济增长步入"新常态"的背景下，财政性教育经费支出不应再与 GDP 挂钩，应该通过合理定位公共财政职能，推进国家财政预算体制改革，制定财政拨款标准，明确各级政府对教育支出责任，规范教育经费统计口径等方式建立健全教育财政制度，以制度保障政府对教育的投入。曾晓东、龙怡（2013）财政性教育经费占 GDP 的比例是衡量教育投入总量的单一指标，在后 4％时代教育经费投入的制度建设不能停留在支出是否达标上，需要在财政充足原则上，淡化 4％目标，加强教育财政制度建设。具体来说，应该建立教育财政支出管理制度，协调好"中央政府标准管理"和"地方政府自主决策"之间的关系；教育财政支出要加强国家基本教育制度建设，摆脱"财政确保"的依赖。张学敏、兰正彦（2014）认为即使在 2012 年实现了 4％目标，但我国仍面临教育经费总量不足、使用效率较低的问题，后 4％时代解决问题的关键是从建立筹资融资制度、理财制度、分配制度、拨付制度、监管制度等方面入手完善我国公共教育财政制度。姚继军、张新平（2014）认为在实现 4％目标之后，教育经费投入的结构、使用效率、管理制度等问题将凸显。在后 4％时代，公共财政应该通过理顺公共财政与教育财政之间的关系、合理划分政府对教育的责任、改进工作方式等手段建立教育优先发展的公共财政管理体制，以保障教育经费的总量充足，完善分配结构，提高教育经费的财政保障能力。陈晓宇（2014）认为虽然 4％目标已实现，但是教育经费的充足性问题将长期存在，在新形势下应该明确公共教育财政政策的目标和原则，设计出科学可行、操作性强并且能反映教育财政充足、效率和公平的指标，建立教育经费保障机制。丁秀飞、王琦（2014）认为在构建公共财政制度背景下，继续将财政性教育经费投入占 GDP 比例的具体数值作为政策目标，行政指令色彩浓厚，存在一定局限性，后 4％时代需要通过推进公共财政体制改革，建立以政府投入为主、多渠道筹措教育经费的多元投入机制，建立财政性教育经费监管制度来保障教育经费的投入。

在教育投入法律制度建设方面：汪丞、周洪宇（2012）指出缺乏刚性法律制度保障是我国财政性教育经费投入不足的主要原因，因此，应该制定《教育经费投入法》，以法律形式保障教育经费投入，显得刻不容缓。他们认为《教育经费投入法》应该包括以下内容：首先，明确教育经费投入增量，明确投入责任主体；其次，完善各级教育财政预决算决策程序，保证教育经费投入逐年增加；再次，优化投入结构，教育投入向弱势群体倾斜；最后，扩宽教育经费来源渠道，建立多渠道筹措经费制度。鲍成中（2012）认为在后4%时代，为了保证财政性教育经费投入的持续增长，应该建构立法保证，制定《教育经费投入法》，为教育经费投入奠定法律基础，从法律层面保证教育投入，严格追究教育投入失职行为。金东海等（2013）指出后4%时代，保障教育经费投入法定增长和提高教育经费使用效率是今后教育经费管理面临的重大问题。国家应该制定《教育经费投入法》，优化教育经费分配结构，具体来说包括提高基础教育经费投入比例，促进农村教育和城市教育经费投入均衡发展，加强对薄弱学校的支持，建立教育经费动态调整机制。

2.1.4 文献评述

通过对国内外以往研究的综述，可以知道，国外关于教育经费投入的研究除了关注财政分权、经济发展水平、人口等因素的影响外，还从更宏观的角度分析了制度、政府意识形态、全球化等对教育经费投入的影响，国外关于经费投入的研究内容比国内要更丰富。国内的研究可以分为两个阶段：在4%政策目标实现之前，研究者基本围绕财政性教育经费投入的影响因素，4%政策目标难以实现的原因以及如何实现4%政策目标展开。大部分研究认为财政分权、经济发展水平、政府财政能力是影响财政性教育经费投入水平的主要因素；4%政策目标难以实现的原因在于法律制度、教育经费投入管理制度不完善及政府财政能力不足，应该通过制定教育投入法律，完善公共财政制度，提高政府财政能力来实现4%目标。在实现4%政策目标后，在财政性教育经费投入问题上主要存在两种观点，第一种观点认为财政性教育经费投入应该与GDP脱钩，以制度保障教育经费投入；第二种观点认为财政性教育经费的投入不宜与GDP脱钩，应该继续加大对教育的投入，确定一个比4%更高的目标。

虽然上述研究对财政性教育经费投入的影响因素，怎样实现4%政策目标甚至实现4%政策目标之后财政性教育经费投入如何保障进行了研究，且研究成果丰富，但是这些研究却忽略了对教育经费政策对投入的影响，4%政策是我国教育经费投入政策中里程碑式的一项政策，对我国财政性教育经费投入产生了深远影响，这就为本书提供了进一步研究的空间。

2.2 理论基础

2.2.1 公共物品理论

（一）公共物品的含义、特征

人类社会的生存与发展离不开各种各样的商品与服务，除了需要通过提供各种日常商品满足人类衣食住行外，还需要通过提供国防保障国土安全，通过提供科技、教育、文化、卫生等丰富人类生活。从商品服务和消费主体看，有的是个人，有的是集体的全社会的共同需要，前者是私人物品，后者是公共物品。

公共物品（public goods）与私人物品（private goods）是相对的。公共物品的概念是由美国经济学家保罗·萨缪尔森在1954年提出，他认为公共物品具有非竞争性和非排他性的特征，且每个人对物品的消费不会导致其他人对这种物品消费的减少（Samuelson P A，1954）。根据他对公共物品的界定，国防、灯塔、路灯等都是典型的公共物品。

非竞争性、非排他性是公共物品的最基本特征。对于公共物品的非竞争性可以分别从供给角度和消费角度对其进行定义，从供给角度来看，非竞争性即增加一个消费者的边际成本为零；从消费角度来看，非竞争性即总量既定的情况下，额外增加一个消费者，不影响其他消费者对该物品的消费（张琦，2015）。以路灯为例，对路灯的使用不会因为多为一个人提供照明而增加使用成本，也不会影响其他人对路灯的使用。公共物品的非排他性是物品在消费的过程中，无法或者难以排除他人对该物品的使用。难以排他，可能是由于排他技术的原因，也有可能是由于排他成本的原因（吕普生，2011）。例如，北京市对雾霾的治理，可以有益于所有在北京的居住者，而很难让某些居住者无法享受雾霾治理带来的益处。

（二）公共物品的分类

根据对物品具有的非竞争性和非排他性的程度可以把公共物品分为纯

公共物品和准公共物品（混合物品）两类。

纯公共物品是为全社会共同消费的物品，严格来说，它在消费过程中具有完全的非竞争性和非排他性，任何人对它的使用都不会影响别人对它同样进行使用，纯公共物品不仅包括物质产品还包括各种公共服务。例如，由国家提供的国防、外交、法律等都是纯公共物品。

准公共物品（混合物品）介于纯公共物品和纯私人物品二者之间，不具有完全的非排他性和非竞争性。它们或者只具有非竞争性，或者只具有非排他性，又或者只在一定程度上具有非竞争性和非排他性。因此，准公共物品也可以分为两类，一类是具有非竞争性和排他性的物品，例如，公路在不拥堵的情况下，多增加一辆车的使用不会影响其他车辆的通行，但是如果通过限号或者设卡收费，就可以使某些车辆不能通行，意味着道路具有排他性。另一类是具有不充分的非排他性和非竞争性的物品，不充分的原因是因为拥挤或者外部性的存在。例如，课堂里学生已满，如果再增加学生会导致成本增加，也会影响教学质量，拥挤让非竞争不充分。它与完全竞争之间的差异在于增加消费者人数会导致边际成本产生（江胜珍，2011）。

（三）教育与公共物品

对于教育的属性，经济学、教育学等研究领域的很多国内外学者都基于不同视角提出了不同的看法，有学者认为教育是公共物品，而有的学者则认为教育不是公共物品，对于这个问题的讨论非常有意义，它关系到教育的供给方式及经费来源问题。

Barr N（1998）认为教育不是公共物品。Barlow R（1970）认为教育是纯粹的公共物品，他以美国密歇根为案例，比较了教育的实际水平和最优水平，发现密歇根提供的实际教育数量水平未达到最优水平。王善迈（2000）从经济学角度出发，认为从整体上看，教育是具有正外部效应的准公共产品，但是不同阶段的教育具有不同的属性，义务教育从理论上说更接近于公共产品，而非义务教育则更接近私人产品。劳凯声（2002）指出，由于作为公益性事业的教育，其目的是造福于他人、社会甚至全人类，所以教育应该是典型的公共物品。袁连生（2003）则认为教育的属性由其消费特征决定，教育消费分为间接消费和直接消费，从教育间接消费特点来看，教育属于准公共产品，而从教育直接消费特点来看，教育具备私人物品属性。曹淑江（2004）认为不同阶段、不同种类的教育服务所具有的非竞争性和非排他性程度不同，其接近公共物品或者接近私人物品的程度也不同，基础教育是接近公共物品的准公共物品，而高等教育是更接近私人物品的准公共物品。厉以宁（1999）根据经济学中对各类物品的定义，从教育的供给者角度出发，认为我国的教育具有五种不同的类型：由政府提供的义务教育、特殊教育等属于纯公共物品；由政府提供经费的各类高等教育、成人教育等属于公共产品；由政府和个人共同承担教育经费的准公共产品；完全由个人承担教育经费的纯私人产品以及私人产品。教育的功能决定了教育的属性，教育不仅具有提升个体能力和素质的个体功能，满足个人精神享受的个体功能，还具有维护社会发展的社会功能。当教育为维护社会发展而存在时，它具有公共物品属性，当教育为满足个体发展需要时，它具有私人物品属性（樊纲，1997）。

根据学者的研究可以发现，绝大部分学者认为从整体上说，教育属于准公共物品。教育的分类很复杂，从不同层次、不同类型等方面看，教育种类繁多，属性也不同。例如，从办学层次上看，教育可以分为学前教育、初等教育、中等教育和高等教育；从办学性质看，教育可以分为义务教育和非义务教育；从办学类型上看，教育可以分为私立教育和公立教育。但是不管怎样分类，本书认为从整体上看教育是一种准公共物品，因为教育既具有一定的外部性，又具有一定的排他性，不同类型的教育实际上处于公共物品和私人物品两个极端点之间的不同位置。

2.2.2 财政分权理论

（一）财政分权理论概述

所谓财政分权，是指中央政府在给予下级政府一定财政收支的基础上，允许下级政府有一定的预算收支规模和权利，从而使地方政府自主选择适合本地区的政策类型，更好地提供公共服务（杨灿明、赵福军，2004）。Thiessen U（2003）认为财政分权是中央政府将部分财政责任转移给地方政府，地方政府获得一定财政收入的同时也要安排好财政支出，其核心是赋予地方政府一定的财政自主权。财政分权试图强调地方政府在公共服务供给上的作用，试图解释各级政府之间的收入来源及划分、支出责任及划分以及各级政府存在的理由等，财政分权理论上应该是使地方政府有能力并且依据当地居民的偏好提供公共物品和服务，将当地居民的福利损失降到最小。对我国而言，经济上分权与政治上集权是中国式财政分权最核心的内容，本书所指的财政分权也侧重于经济上分权与政治上分权。

财政分权理论萌芽于 20 世纪 50 年代，蒂伯特（1956）发表的《地方支出的纯理论》中提出了地方政府提供地方公共产品的模型，该模型具有财政分权的思想，研究的核心问题是地方政府如何发挥职能，使政府间财权和事权的配置效率更高。财政分权理论经过了第一代财政分权理论的起源与发展，向第二代财政分权理论演进。第一代财政分权理论及第二代财政分权理论，在不同阶段都各自发挥了重要作用。因为财政分权能够优化社会福利，稳定中央政府与地方政府之间的关系，所以，目前世界各国普遍采用财政分权模式，但是，需要注意的是，不合理的财政分权会导致财政功能的扭曲甚至丧失。

（二）第一代财政分权理论

第一代财政分权理论也称传统财政分权理论，起源于主流的公共产品理论和古典财政理论，主要是以新古典经济学的规范理论作为分析框架，从经济学的视角来分析财政问题，考虑不同层级政府之间政府职能怎样进行合理配置的问题。蒂伯特（Tiebout）、阿罗（Arrow）、马斯格雷夫（Musgrave）、萨缪尔森（Samuelson）、奥茨（Oates）和布坎南（JBuchanan）是主要代表人物。市场在提供公共物品方面会出现"失灵"现象，公地悲剧就是一个典型例子。所以他们主张，政府应主动参与公共物品与公共服务的供给，而当政府无法通过自身供给来解决问题时，政府还可以通过制定相关政策来调节公共物品与公共服务方面市场失灵现象。

蒂伯特从地方性公共产品不同于全国性公共产品的特征入手展开分析，他认为与联邦政府相比，地方政府能够更高效地提供地方性公共产品。他把地方公共产品当作市场上的普通商品，购买普通商品的消费者为不同地区的居民，而地方政府则是普通商品的销售商，不同地方公共产品之间也存在竞争性，通过"用脚投票"的方式，对不同地方公共产品进行成本—效益分析，来选择最佳的社区居住。这就提高了地方政府提供优质地方公共产品的积极性。蒂伯特模型假设条件非常严格，实际生活中的情况要比理论模型假定的情形更复杂，并不完全适用于其他国家。

马斯格雷夫主要从三个方面阐述地方政府存在的合理性与必要性，提出"最优财政社区"的财政分权理论。第一，他提出应该根据公共产品的受益者，受益范围等来划分政府层级，不同层级的政府承担不同责任。第二，他认为政府职能主要包括资源配置职能、再分配职能和社会稳定，在这三大职能中，由于中央政府具有对经济进行控制所需的能力，故中央政府应该承担再分配职能与社会稳定职能；出于效率的考虑，地方政府应该承担资源配置职能。第三，通过财政分权来提高效率不仅合理而且具有可行性，通过税种在中央政府与地方政府之间的划分来固定政府的分权，提供公共产品的成本由各个地区的纳税人承担，从而来保证提高效率（Musgrave，1989）。

第一代财政分权理论主要是对财政分权存在的合理性及必要性，如何在各级政府之间划分其职能等进行阐释，其特点有以下几点：首先，在信息的掌握上，与中央政府相比，地方政府更具优势。其次，公民不仅能够凭借其政治权利自主选择自己满意的政府，而且能够有效监督地方政府提供公共产品的行为。最后，财政分权会使地方政府之间的竞争加剧，而政府之间的竞争能促使地方政府提供更优质的公共产品和公共服务。虽然第一代财政分权具有以上优势，但是它只是从理论层面上对财政分权的必要性进行分析，却没有对运行机制进行具体的设计，并且该理论有一个很重要的假设即各级政府是忠于职守的"仁慈型政府"，其目标在于使社会总体福利最大化，但是这一假设在实际中很难满足，各级政府的目标也并不总是使社会福利最大化。

（三）第二代财政分权理论

从第一代财政分权理论到第二代财政分权理论的过渡，是因为 Brennan 和 Buchanan（1980）从公共选择理论角度出发，对财政分权理论提出了批评。他们提出了不同于第一代理论的假设，他们认为政府官员是理性的经济人，政府不会总是使社会福利最大化，而会追求自身利益最大化。Weingast、钱颖一、Roland 等是第二代财政分权理论的代表人物，他们开始考虑政府激励问题，他们指出财政分权体制可以为地方政府提供有效激励，促进地方政府的经济发展。

Qian 和 Weingast（1996）从我国财政分权改革中提出市场维护型财政联邦主义，认为第一代财政分权理论只是单纯地分析地方政府存在的合理性，并没有说明分权为什么要运行，也就是说第一代财政分权理论对于分权的运行机制没有本质上的探究，且其政府官员忠于职守的假设与现实情况也不相符。因此，建立官员与地方居民的福利之间激励相容的有效机制，要充分考虑到地方政府官员的自身激励问题。维护市场的联邦主义，需要满足五大条件：（1）存在一个政府内的层级体系。（2）对中央与地方政府之间的权力进行划分，从而使任何一级政府都不能拥有绝对权力，同时又在自己的权力范围内享有充分的自主权。（3）制度化的地方政府自主权对中央政府的权力形成制约，使得中央政府与地方政府之间的权力划分具有持续性。（4）地方政府对其管辖范围内的经济发展承担责任，同时，在统一的全国市场下，商品和要素可以跨区域自由流动。（5）各层级政府都面临硬预算约束（张军、周黎安，2008）。其核心是，为了更有效地提供公共产品，政府行为不仅要有效，还要受限制，而实现这一目标则需要实现分权以及财政民主等机制。该理论提倡以市场为导向，在发挥市场这只"无形的手"的调节作用的同时，还需要政府建立高效的服务系统和政治运行机制以提高效率，使市场机制得以维护并顺利运行。

与第一代财政分权理论相比，第二代财政分权理论具有以下特点：首先，第二代财政分权理论的重心从地方政府合理提供公共物品的视角转变为通过财政分权激励地方政府转型。其次，其明确指出第一代财政分权假设的弊端，强调官员的激励作用，认为理性的政府官员也会追求自身利益最大化，并不总是保障社会总体福利最大化。再次，第一代财政分权理论仅仅从信息优势和加强竞争两个方面来说明财政分权的优势，而第二代财政分权理论则重点分析机制设计与激励，其关注点在于如何通过机制设计来激励地方政府高效地提供公共产品。最后，与第一代财政分权理论相比，第二代财政分权理论不仅关注财政领域，还涉及了经济、政治及市场环境等社会的各方面，要求市场机制与激励机制相容，使政府与市场各司其职，达到"双赢"。

2.3　本章小结

本章主要包括文献综述和理论基础两个部分。基于研究需要，文献综述部分主要从教育经费投入的影响因素，如何保障教育经费投入等几个方面进行综述。通过对以往研究的综述，可以知道，虽然研究成果丰富，但是4%政策作为我国教育经费投入最具影响力的政策，国内的研究却忽视了对4%政策的研究，特别是忽略了4%政策对财政性教育经费投入的影响研究，这为本书的研究提供了空间。

在理论基础部分，主要对公共物品理论和财政分权理论的主要内容进行了概述，对教育的属性进行分析。本书认为从整体上看教育是一种准公共物品，由于教育的准公共物品属性，国家应该对教育进行投入，公共物品理论和财政分权理论为我国政府对教育的投入行为提供理论上的依据。

第 3 章
我国财政性教育经费投入分析及政策演变

3.1　我国财政性教育经费投入量分析

衡量我国财政性教育经费的投入量可以用绝对量指标和相对量指标。通常，财政性教育经费投入总量用来反映绝对量指标；财政性教育经费占GDP 的比例、财政性教育经费占财政支出的比例用来反映相对量指标，前者可以反映一个国家将社会资源用于教育的程度，后者可以反映政府对教育投入的努力程度。本书选取了 1978—2015 年的相关数据对我国财政性教育经费投入状况进行分析。

3.1.1　我国财政性教育经费投入绝对量分析

教育经费是教育发展的前提和物质保障，教育的发展离不开国家对教育的投入。随着国家经济的飞速发展，国家越来越重视教育的发展，特别是 20 世纪 80 年代以来，国家把教育摆在优先发展的战略地位，国家在教育领域投入大量经费，教育经费投入量持续增长。

从财政性教育经费投入的总体规模来看，如表 4 及图 2 所示，1978 年以来，国家财政性教育经费投入逐年增加。国家财政性教育经费从 1978 年的 75.05 亿元增加到 2015 年的 29221.45 亿元，国家财政性教育经费在 37 年间增加了 389.3 倍，年均增长率达到 17.5%。由于 1978 年至 2015 年时间跨度较长，考虑到物价变动的影响，本书以 1978 年的价格作为不变价格，依次对历年来的国家财政性教育经费进行平减，平减后，2015 年国家财政性教育经费投入为 4737.34 亿元，在 37 年间增长了 4622.29 亿元，是 1993 年的 63 倍，年均增长率达到 11.85%。不管是平减前还是平减后，国家财政性教育经费投入均呈上升趋势，且在 37 年间增长迅速，其名义年均增长率及通过平减后的实际年均增长率均超过 10%。

表 4 1978—2015 年国家财政性教育经费投入情况 （单位：亿元，%）

年份	财政性教育经费	财政性教育经费（平减后）	财政性教育经费增长率	财政性教育经费增长率（平减后）
1978	75.05	75.05		
1979	93.16	89.95	24.13	19.86
1980	114.15	106.28	22.53	18.16
1981	122.79	111.66	7.57	5.06
1982	137.61	125.27	12.07	12.19
1983	155.24	139.75	12.81	11.55
1984	180.88	155.11	16.52	11.00
1985	225.71	175.61	24.78	13.22
1986	263.2	195.56	16.61	11.36
1987	272.62	192.73	3.58	-1.45
1988	328.26	206.81	20.41	7.31
1989	375.39	217.75	14.36	5.29
1990	410.35	225.13	9.31	3.39
1991	485.39	249.57	18.29	10.86
1992	566.71	269.17	16.75	7.85
1993	867.76	357.70	53.12	32.89
1994	1174.74	401.13	35.38	12.14
1995	1411.52	424.11	20.16	5.73
1996	1671.7	471.48	18.43	11.17
1997	1862.54	516.88	11.42	9.63
1998	2032.45	568.96	9.12	10.08
1999	2287.18	649.02	12.53	14.07
2000	2562.61	713.16	12.04	9.88
2001	3057.01	833.68	19.29	16.90
2002	3491.4	946.66	14.21	13.55
2003	3850.62	1017.59	10.29	7.49
2004	4465.86	1104.12	15.98	8.50
2005	5161.08	1228.92	15.57	11.30
2006	6118.36	1402.29	18.55	14.11

续表

年份	财政性教育经费	财政性教育经费（平减后）	财政性教育经费增长率	财政性教育经费增长率（平减后）
2007	8089.73	1719.53	32.22	22.62
2008	10219.46	2016.31	26.33	17.26
2009	11944.49	2362.77	16.88	17.18
2010	14379.41	2659.14	20.39	12.54
2011	18586.7	3178.93	29.26	19.55
2012	22236.23	3719.42	19.64	17.00
2013	24488.22	4010.89	10.13	7.84
2014	26420.58	4292.05	7.89	7.01
2015	29221.45	4737.34	10.60	10.37

资料来源：数据由历年《中国统计年鉴》《中国教育经费统计年鉴》整理而来，1978 年价格为不变价格。

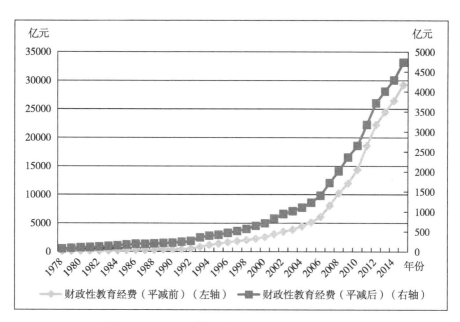

图 2　1978—2015 年国家财政性教育经费投入情况

从财政性教育经费投入的增长率来看，如图 3 所示，财政性教育经费的增长率呈现较大波动。平减前，财政性教育经费的增长率在 3.58% ~ 53.12% 之间波动，增长率高于 30% 的年份分别为 1993 年的 53.21%、1994 年的 35.38%、2007 年的 32.22%；增长率低于 10% 的年份分别为 1987 年的 3.58%、1981 年的 7.57%、1990 年的 9.31%、1998 年的 9.12% 及 2014 年的 7.89%。平减后，财政性教育经费的增长率在 -1.45% ~ 32.89% 波动，增长率高于 30% 且最高的年份为 1993 年的 32.89%；增长率最低的年份为 1987 年的 -1.45%。总之，无论是平减前还是平减后，财政性教育经费投入增长率都呈现较大波动，并且平减前后其波动周期基本一致。

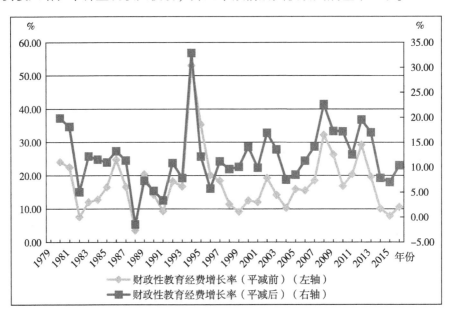

图 3　1978—2015 年国家财政性教育经费投入增长情况

3.1.2　我国财政性教育经费投入相对量分析

（1）财政性教育经费占 GDP 的比例

从财政性教育经费占 GDP 的比例来看，由表 5 及图 4 可知，自 1978—2015 年财政性教育经费占 GDP 的比例虽然总体上呈上升趋势，但在一些年份比例有所下降且财政性教育经费占 GDP 的比例较低。1978—2007 年近 30 年间，财政性教育经费占 GDP 的比例均低于 3%，2008 年其比例才开始超过 3%，2008—2011 年，一直在 3.4% 左右徘徊，直到 2012 年才达到 4%。《中国教育改革和发展纲要》（1993）、《中华人民共和国教育法》（1995）、《面向 21 世纪教育振兴行动计划》（1998）都提出 2000 年实现 4% 目标，但 1993—2000 年这一比例仅从 2.43% 提高到 2.56%，7 年间只提高了 0.13%。1993 年至 2007 年间，这一比例都低于 3%，基本上在 2.5%，2008 年至 2011 年间，在

3.5% 左右波动，直到 2012 年才从 2011 年的 3.8% 提高到 4.28%，虽然 2013 年及 2014 年也达到 4%，但是与 2012 年相比，比例又略有下降。

表 5　1978—2015 年财政性教育经费占比情况　　（单位：%）

年份	财政性教育经费占 GDP 的比例	财政性教育经费占教育总经费的比例	财政性教育经费占财政收入的比例	财政性教育经费占财政支出的比例
1978	2.04	92.38	6.63	6.69
1979	2.27	91.86	8.13	7.27
1980	2.49	91.14	9.84	9.29
1981	2.49	90.75	10.44	10.79
1982	2.56	90.91	11.35	11.19
1983	2.58	90.61	11.36	11.01
1984	2.49	89.89	11.01	10.63
1985	2.48	88.75	11.26	11.26
1986	2.54	86.20	12.40	11.94
1987	2.24	84.96	12.40	12.05
1988	2.16	84.72	13.93	13.18
1989	2.19	83.46	14.09	13.29
1990	2.17	81.12	13.97	13.31
1991	2.21	87.08	15.41	14.33
1992	2.08	91.15	16.27	15.14
1993	2.43	81.87	19.95	18.69
1994	2.42	78.91	22.51	20.28
1995	2.30	75.16	22.61	20.69
1996	2.33	73.89	22.57	21.06
1997	2.34	73.57	21.53	20.17
1998	2.39	68.92	20.58	18.82
1999	2.53	68.29	19.99	17.34
2000	2.56	66.58	19.13	16.13
2001	2.76	65.92	18.66	16.17
2002	2.87	63.71	18.47	15.83
2003	2.80	62.02	17.73	15.62
2004	2.76	61.66	16.92	15.68
2005	2.76	61.30	16.31	15.21

续表

年份	财政性教育经费 占 GDP 的比例	财政性教育经费 占教育总经费的比例	财政性教育经费 占财政收入的比例	财政性教育经费 占财政支出的比例
2006	2.79	62.33	15.79	15.14
2007	2.99	66.59	15.76	16.25
2008	3.20	70.48	16.66	16.33
2009	3.42	72.38	17.43	15.65
2010	3.48	73.51	17.30	16.00
2011	3.80	77.87	17.89	17.01
2012	4.28	80.29	18.96	17.65
2013	4.11	80.65	18.95	17.47
2014	4.10	80.53	18.82	17.41
2015	4.26	80.88	19.19	16.61

资料来源：数据由历年《中国统计年鉴》《中国教育经费统计年鉴》《中国财政年鉴》整理而来，1978 年价格为不变价格。

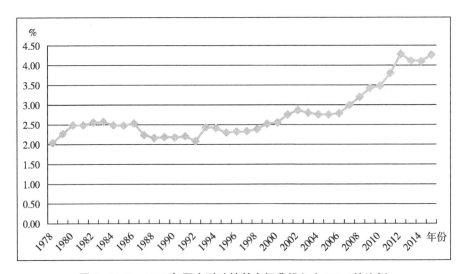

图 4　1978—2015 年国家财政性教育经费投入占 GDP 的比例

（2）财政性教育经费占教育总经费的比例

从财政性教育经费占教育总经费的比例来看，由表 5 及图 5 可知，1978—2015 年财政性教育经费占教育总经费的比例较高，但是总体呈下降趋势。其占比由 1978 年的 92.38%，下降为 2015 年的 80.88%，下降了 11.5%。此外，1978—2015 年财政性教育经费占教育总经费的比例经历了持续下降和缓慢上升阶段。

1978—2005 年的 27 年间，财政性教育经费占教育总经费的比例从 92.38% 逐渐下降到 61.3%，这一比例是 1978—2015 年所有年份中比例最低的一年。这一时期我国的教育经费投入政策由国家财政统一拨款到多渠道筹措教育经费转变，因此财政性教育经费占教育总经费的比例下降。2005—2015 年这十年间，财政性教育经费占教育总经费的比例从 61.3% 逐年上升到 80.88%。这是因为伴随我国经济的高速发展，政府财政能力得到提升，公共财政体制也逐步建立，财政性教育经费中预算内教育经费投入逐渐增多，使其在教育总经费中占的比例也逐渐上升。

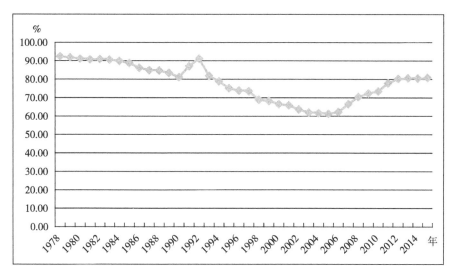

图 5　1978—2015 年国家财政性教育经费投入占教育总经费的比例

（3）财政性教育经费占财政收支的比例

财政性教育经费占财政收支的比例指政府财政收支中投入到教育的比例，能在一定程度上反映政府对教育投入的努力程度。表 5 及图 6 显示：财政性教育经费占财政支出的比例在 6.69%～21.06%，财政性教育经费占财政收入的比例在 6.63%～22.61%，并且 1992—2015 年财政性教育经费占财政收支比例均保持在 15% 以上。总体来说，财政性教育经费占财政收入的比例略高于占财政支出的比例，且两个比例都整体处于上升状态。财政性教育经费占财政收入的比例略高于占财政支出的比例，是因为我国政府财政支出在多数年份大于财政收入，处于财政赤字状态。财政性教育经费占财政收入和财政支出的比例有较大幅度提高，表明政府重视教育投入，提高了财政收入和支出中用于教育的部分，这利于教育的发展。

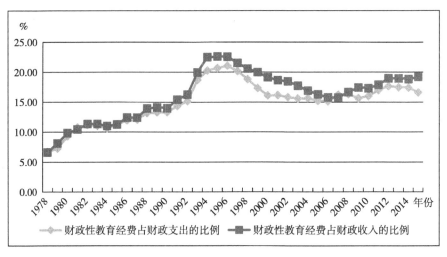

图6 国家财政性教育经费占财政收支的比例

3.2 我国财政性教育经费投入长记忆性分析

自改革开放以来，在我国对教育事业发展高度重视和各级政府共同努力下，国家财政性教育经费投入日益增长，特别是在2012年实现了教育经费投入的4%政策目标，财政性教育经费投入进入新的发展阶段。但是，通过对投入数据的详细分析发现，财政性教育经费投入在某些年份存在负增长现象，并且在2012年实现4%政策目标后，财政性教育经费投入增长速度明显放缓，财政性教育经费投入增长存在不确定性，缺乏持续性。一般情况下，对价格、经费等数据波动的记忆性研究，学者通常使用分数布朗运动模型作为分析工具（孙彬、汪栋，2017）。长记忆性也称长程相关性或持久性，它对时间序列中相距较远的时间间隔具有显著相关性进行描述，即过去事件能持续影响未来（余俊、姜伟、龙琼华，2007）。1951年，英国学者 Hurst 最早对长记忆性展开研究，此后，国内外学者在金融、管理、工程等领域尤其是金融领域对长记忆进行研究，并取得丰厚的研究成果。

国家财政性教育经费投入是否持续增长对国家制定教育财政政策有重大影响。本节以1978—2015年国家财政性教育经费数据作为研究指标，基于分数布朗运动理论，使用重标极差法方法对赫斯特指数进行估算，并以此来判断目前我国财政性教育经费投入增长是否具有长记忆性。

3.2.1　理论模型与方法

（一）分数布朗运动模型

布朗运动是微小粒子表现出的无规则运动，1827 年英国植物学家布朗通过观察到花粉颗粒在水溶液中不停顿的无规则运动而提出，在之后的几十年，很多学者对布朗运动的性质、运动规律等开展大量研究，特别是英国水文学家在研究尼罗河水库储存能力与流量之间的关系时，发现分数布朗运动能更好地反映水库储存能力的实际状况，他提出使用重标极差法建立赫斯特指数，并将该指数作为判断时间序列是否服从布朗运动的指标（陈昭、梁静溪，2005）。分数布朗运动与布朗运动之间的主要区别在于布朗运动中的增量之间相互独立，而分数布朗运动中的增量之间不独立。以下是对分数布朗运动的定义及性质进行概述：

假设有一颗粒子在 X 轴上随机移动，并且在每个时间间隔内，粒子会向左或右移动步长为 ξ，则其分布密度函数为：

$$P(\xi,\gamma) = \frac{1}{4\pi D\gamma}\exp\left(\frac{\xi^2}{4D\gamma}\right) \tag{1}$$

其中，γ 为时间间隔，D 为扩散系数。设 ξ_1，ξ_2，$\cdots$，ξ_n 为步长的时间序列，且步长的序列为独立同分布的时间序列，经过 n 次行走后，粒子在 X 轴上的位置为：

$$B_{(t=nt)} = \sum_{t=1}^{n} \xi_t \tag{2}$$

得到关于时间的函数 B_t，它为布朗运动函数，对于某一固定时刻 t_1，$B_t - B_{t1}$ 的分布密度为：

$$P(B_t - B_{t1}) = \frac{1}{\sqrt{4pD|t - t_1|}}\exp\left[\frac{(B_t - B_{t1})^2}{4d|t - t_1|}\right] \tag{3}$$

对于 $0 < H < 1$，随机过程 B_t^H 为赫斯特指数 H 的分数布朗运动，其协方差函数为：

$$E(B_t^H,B_{t1}^H) = \frac{1}{2}(|t|^{2H} + |t_1|^{2H} - |t - t_1|^{2H}) \tag{4}$$

由式（2）计算 B_t^H 和 B_{t1}^H 的相关系数为：

$$C(t) = \frac{E[(B_{t1}^H - B_{t1-t}^H)(B_t^H - B_{t1}^H)]}{\sqrt{E(B_{t1}^H - B_{t1-t}^H)^2}\sqrt{E(B_t^H - B_{t1}^H)^2}} \tag{5}$$

假设 $B_{t1}^H = 0$，调整时间间隔长度，使 $\gamma = 1$，$2D\gamma = 1$，则可知

$$C(t) = \frac{E[(B_{t1-t}^H)(B_t^H)]}{E(B_t^H)^2} = 2^{2H-1} - 1 \tag{6}$$

从式（6）可知，当 $H=0.5$ 时，过去与未来增量间的相关系数为 0，也就说明二者不存在相关性，增量过程是一个独立的随机过程，为标准布朗运动，是布朗运动的特殊情况。当 $H \neq 0.5$ 时，属于分数布朗运动，过去增量与未来增量相互之间不再是相互独立的；当 $0.5 < H < 1$ 时，表明过去增量与未来增量之间有正相关性，过去的增长意味着未来也将继续增长下去，分数布朗运动具有长记忆性（也称持久性），反之，过去的减少意味着这种趋势也将继续下去，而且 H 越接近 1，趋势越明显，H 越接近 0.5，逐渐趋于随机性；当 $0 < H < 0.5$ 时，表明过去增量与未来增量之间具有负相关关系，分数布朗运动具有短记忆性（也称反持久性），如果过去表现出增长趋势，则未来表现为下降的可能性更大，而且随着 H 逐渐趋近于 0，负相关性也相应变得越来越强（李美、卢小军，2009）。

（二）重标极差法

英国科学家赫斯特（H. E. Hurst）率先引入了建立在重标极差法基础上的赫斯特指数，他发现借助有偏的随机游走过程能够更加准确地刻画尼罗河水库的长期蓄水能力，并进一步依据重标极差分析法构建指数，以此为依据来判断一组时间序列数据究竟是服从随机游走过程还是服从有偏的随机游走过程。以财政性教育经费投入为例，其计算过程为：

第一步，设财政性教育经费构成时间序列

$\{x(t)\}(t = 1, \cdots, M+1)$

则经费增量构成长度为 M 的时间序列

$\{y(t)\}(t = 1, \cdots, M)$

$y(t) = x(t+1) - x(t)$

设每一个区间长度为 N，则可以把经费增量时间序列分成 $\left[\dfrac{M}{N}\right]$ 段，其中 $[\cdot]$ 是向下取整函数。

第二步，令 $u = \left[\dfrac{M}{N}\right]$，计算每一子区间的平均值和标准差

$$\bar{y}_j = \frac{1}{N}\sum_{i=1}^{N} y(i)(j = 1, \cdots, u)$$

$$S_j = \left[\frac{1}{N}\sum_{i=(j-1)*N+1}^{j*N}(y(i) - \bar{y}_j)^2\right]^{\frac{1}{2}}(j = 1, \cdots, u)$$

第三步，计算每一子区间的累积离差和极差

$$X_{k,j} = \sum_{i=1}^{k} (y(i) - \bar{y_j})(k = 1, \cdots, N, j = 1, \cdots, u)$$

$$R_j = \max_{1 \leq k \leq N} X_{k,j} - \min_{1 \leq k \leq N} X_{k,j}(k = 1, \cdots, N, j = 1, \cdots, u)$$

第四步，计算重置标度

$$r_j = \frac{R_j}{S_j}(j = 1, \cdots, u)$$

$$r_j = (a \cdot M)^H$$

其中，a 为常数，M 为序列观察数，H 为赫斯特指数。对上式两边取对数，则有

$$H = \frac{\ln(R/S)}{\ln(a \cdot M)}$$

H 指数可通过线性回归的斜率求出。这里的自变量是 M 的对数，因变量是重置标度的对数，常数项是 a 的对数与 H 的乘积。

3.2.2　样本与数据说明

本节使用 1978—2015 年我国财政性教育经费投入及预算内教育经费投入数据作为研究对象。数据的描述性统计分析如表 6 所示。

表 6　主要数据基本统计量分析

数据类型	均值	标准差	偏度	峰度
财政性教育经费投入	1101.7	1319.8	1.485	4.713
预算内教育经费投入	981.8	1179.4	1.446	3.812

表 6 分别给出了财政性教育经费投入、预算内教育经费投入的描述性统计量，其中所有数据偏度值大于 0，峰度值大于 3，这表明数据具有右偏、尖峰胖尾的特征，偏离正态分布。

3.2.3　财政性教育经费投入的长记性状况

由于我国 1993 年提出 4% 目标，为了了解 1993 年之前和 1993 年之后财政性教育经费投入是否存在差异，本文将财政性教育经费投入增长的赫斯特指数分为三个阶段进行计算。第一个阶段为 1978—2015 年、第二个阶段为 1978—1993 年、第三个阶段为 1994—2015 年。从表 7 可知，在 1978—2015 年，财政性教育经费投入的 H 指数估计值为 0.2133 < 0.5，这说明在本

阶段，财政性教育经费的增量具有短记忆性（或反持续性），财政性教育经费增量之间存在负相关，经费未来的增长或下降与过去的增长或下降趋势不同。在 1978—1993 年，即 4% 政策出台之前的阶段，财政性教育经费投入的 H 指数估计值为 0.1647 < 0.5，这也表明在本阶段，财政性教育经费的增量具有短记忆性（或反持续性），财政性教育经费增量之间存在负相关，在 4% 政策出台之前，国家对教育的投入不够重视。在 1994—2015 年，即 4% 政策出台后，财政性教育经费投入的 H 指数估计值为 0.5342 > 0.5，这说明在本阶段财政性教育经费的增量具有长记忆性（或持续性），财政性教育经费增量之间存在正相关，财政性教育经费的过去增量与未来增量之间趋势相同，其增长趋势在未来能够延续，在本阶段赫斯特指数 H 估计值有了明显上升，这表明 4% 目标引起政府重视，财政性教育经费投入在本阶段开始持续增长。

表 7 财政性教育经费投入的 H 指数估计结果

阶段	估计值	t 统计量	P – value
1978—2015 年			
H 指数	0.2133	3.415	0.011
1978—1993 年			
H 指数	0.1647	2.332	0.014
1994—2015 年			
H 指数	0.5342	5.462	0.000

从表 8 可知，在 1978—2015 年，预算内经费投入的 H 指数估计值为 0.1838 < 0.5，这说明在本阶段，预算内教育经费的增量具有短记忆性（或反持续性），预算内教育经费增量之间存在负相关，经费未来的增长或下降与过去的增长或下降趋势不同。在 1978—1993 年，即 4% 政策出台之前的阶段，预算内教育经费投入的 H 指数估计值为 0.2617 < 0.5，这也表明在本阶段，预算内教育经费的增量具有短记忆性（或反持续性），预算内教育经费增量之间存在负相关，在 4% 政策出台之前，政府对教育的投入不够重视。在 1994—2015 年，即 4% 政策出台后，预算内教育经费投入的 H 指数估计值为 0.4756 < 0.5，这说明在本阶段预算内教育经费的增量具有短记忆性（或反持续性），预算内教育经费增量之间存在负相关，预算内教育经费的过去增量与未来增量之间趋势不同，其增长趋势在未来难以延续。

表 8　预算内教育经费投入的 H 指数估计结果

阶段	估计值	t 统计量	P – value
1978—2015 年			
H 指数	0.1838	4.302	0.003
1978—1993 年			
H 指数	0.2671	3.145	0.000
1994—2015 年			
H 指数	0.4756	7.523	0.000

3.3　我国教育经费投入制度的变革

教育财政制度的变革与社会经济制度、国家财政管理体制及教育管理制度密不可分，教育财政制度是国家财政管理及教育管理制度的重要组成部分，国家财政管理制度及教育管理制度的变革必将导致教育财政制度的变化。廖楚晖（2005）认为我国教育财政制度的变革分为中央统一财政与分级管理、地方负责分级管理、以县为主的分级管理、税费改革过程中"以县为主的分级管理"四个阶段。龙舟（2009）把我国教育财政制度的变迁分为传统计划经济体制下的教育财政、市场经济初期两级分权下的教育财政以及新时期中国特色的公共教育财政。本节拟在学者已有研究基础上，结合本书实际需要，基于我国财政管理制度的变迁，将改革开放至今的教育财政制度划分为四个阶段进行分析。

3.3.1　财政包干制下的教育经费投入制度（1978—1992）

（一）教育经费投入制度梳理

改革开放前，受国内经济发展水平的限制和极"左"政治环境的影响，我国教育事业发展受到极大限制，教育经费投入也很有限。1978 年党的十一届三中全会明确了以社会主义现代化建设为全党工作重心的战略决策，改革开放也被提到议事日程。国家开始以经济建设为中心，全面进行经济体制改革，国家也开始走上正常的发展轨道。

在社会经济体制变革的影响下，中国的财政体制也相应地进行了变革。为了充分发挥地方政府增收节支的主动性和积极性，解决计划经济时期中央对地方财政管得过多、过严所造成的问题，国家开始对财政体制进行改革。国务院 1980 年 2 月颁布实施的《关于实行"划分收支，分级包干"的财政管理体制的通知》指出，从当年起，我国的财政管理制度由传统的"统收统支，收支脱节"转变为"划分收支，分级包干"，以便扩大地方政府财权，实现责、权、利的统一，这既能够增强地方政府大力促进本地教育事业发展的激励和能力，同时也能够推动我国的教育财政制度不断变革和完善。

为了适应财政体制的新变化，满足教育事业发展的需要，教育部于 1980 年 3 月正式发布《关于实行新财政体制后教育经费安排问题的建议》，明确指出我国的财政性教育投入模式由财政部会同教育部等协商后确定，教育经费支出规模调整为中央财政和地方财政切块安排。在新的教育经费管理制度下，中央财政的任务只在于宏观规划与控制。1985 年 5 月中共中央颁布的《关于教育体制改革的决定》中首次提出"两个增长"原则，即在未来一段时期内，中央和地方政府教育拨款的增长要高于财政经常性收入的增长，并使按在校学生人数平均的教育费用逐步增长。"两个增长"的提出反映了中共中央在加强教育经费投入方面所下的决心与积极探索。紧接着，《中华人民共和国义务教育法》于 1986 年 7 月在全国颁布实施，再次强调"两个增长"，提出按照国务院的规定，地方各级政府在城乡征收用于实施义务教育事业费附加。另外，国家鼓励各种社会力量以及个人自愿捐资助学。为了贯彻落实《关于教育体制改革的决定》，扩宽教育经费资金来源，1986 年 4 月，国务院出台了《征收教育费附加的暂行规定》（以下简称《规定》），《规定》指出，所有单位和个人，只要缴纳增值税、营业税和消费税，一律需要以上述三个税种的实际纳税额为基础，按照 1% 的比例缴纳教育费附加。1990 年 6 月，国务院发布关于修改《征收教育费附加的暂行规定》的决定将教育费附加的征收比例修改为 2%。

（二）教育经费投入特点

自 1978 年改革开放以来，我国社会进行了一系列的变革，这一系列的变革从制度上保证了国家财政对教育的投入，为教育经费投入的增长也提供了较大的发展空间。如表 9 所示，我国财政性教育经费的投入逐年增加，从 1978 年的 75.05 亿元增加到 1992 年的 566.71 亿元，14 年间增加了 491.66 亿元，增长了 7.5 倍，年均增长率约为 15.5%。

考虑到 1978—1992 年这 14 年间国内通货膨胀的影响，本书以 1978 年价格为不变价格，对历年教育经费进行平减，以消除通货膨胀的影响。在消除通货膨胀的影响后，这段时间内国家财政性教育经费的投入增长了

3.58 倍，年均增长率为 9.5%。虽然无论是消除通胀前还是消除通胀后，财政性教育经费投入的绝对量都在逐年增加，但是其财政性教育经费占 GDP 的比例不高，增长也不稳定，其比例由 1978 年的 2.04% 上升为 1992 年的 2.08%，仅增加了 0.04 个百分点。

表 9 1978—1992 年我国财政性教育经费投入情况 （单位：亿元，%）

年份	财政性教育经费	GDP	财政性教育经费占 GDP 比例	财政性教育经费（平减后）	平减指数
1978	75.05	3678.7	2.04	75.05	100.00
1979	93.16	4100.5	2.27	89.95	103.57
1980	114.15	4587.6	2.49	106.28	107.40
1981	122.79	4935.8	2.49	111.66	109.97
1982	137.61	5373.4	2.56	125.27	109.85
1983	155.24	6020.9	2.58	139.75	111.09
1984	180.88	7278.5	2.49	155.11	116.61
1985	225.71	9098.9	2.48	175.61	128.53
1986	263.2	10376.2	2.54	195.56	134.59
1987	272.62	12174.6	2.24	192.73	141.45
1988	328.26	15180.4	2.16	206.81	158.73
1989	375.39	17179.7	2.19	217.75	172.40
1990	410.35	18872.9	2.17	225.13	182.27
1991	485.39	22005.6	2.21	249.57	194.49
1992	566.71	27194.5	2.08	269.17	210.54

资料来源：数据整理自历年《中国教育经费统计年鉴》《中国统计年鉴》《中国财政年鉴》，本表中平减后的数据以 1978 年的价格作为不变价格。

1985 年中共中央颁布的《关于教育体制改革的决定》中首次提出教育经费投入的"两个增长"原则。自该决定实施以来，如表 10 及图 7 所示，财政性教育经费的增长率基本上高于同期财政收入增长率（除 1990 年财政性教育经费增长率略低于财政收入增长率）。在 1979 年和 1980 年，财政性教育经费增长率远远高于 GDP 增长率，而在 1992 年，GDP 增长率却远远高于财政性经费增长率，在 1981—1991 年，财政性教育经费增长率也并没有一直随着 GDP 增长而同步增长。

表 10　1979—1992 年我国财政性教育经费增长情况　（单位:%）

年份	财政性教育经费增长率	财政收入增长率	GDP 增长率
1979	19.86	-2.24	7.63
1980	18.16	-2.43	7.88
1981	5.06	-1.00	5.08
1982	12.19	3.22	8.99
1983	11.55	11.50	10.80
1984	11.00	14.49	15.16
1985	13.22	10.72	13.42
1986	11.36	1.08	8.90
1987	-1.45	-1.38	11.64
1988	7.31	-4.49	11.12
1989	5.29	4.09	4.20
1990	3.39	4.24	3.90
1991	10.86	0.50	9.28
1992	7.85	2.17	14.16

资料来源：作者根据历年《中国统计年鉴》《中国财政年鉴》数据整理而得。

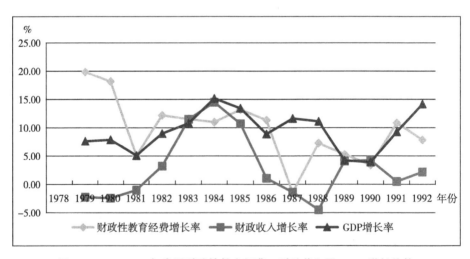

图 7　1978—1992 年我国财政性教育经费、财政收入及 GDP 增长趋势

　　由于 1986 年国务院出台了《征收教育费附加的暂行规定》，使教育费附加有了显著提高。如表 11 及图 9 所示：教育费附加从 1985 年的 1.12 亿元增加到 1992 年的 55 亿元，增长了 53.88 亿元。在消除通货膨胀的影响

后，教育附加费也增加到 30.09 亿元，年均增长率高达 60.02%，特别是 1986 年相对于 1985 年，其增长率达到 844.51%。虽然该规定扩宽了教育经费来源渠道，保障了教育经费投入的增长，但是需要引起关注的是，其增长并不是持续稳定地增长，在该规定出台的头两年为了较好地贯彻落实该项政策，教育费附加在此期间存在"剧增"现象，而在之后的几年，教育费附加增长率出现大幅下滑，甚至出现负增长。

表 11　1985—1992 年我国教育费附加情况　　　（单位：亿元，%）

年份	教育费附加	教育费附加（平减后）	教育费附加增长率	平减指数
1985	1.12	1.12		100.00
1986	11.52	10.58	844.51	108.90
1987	21.31	17.52	65.61	121.64
1988	28.4	21.00	19.85	135.27
1989	37	26.25	25.03	140.95
1990	52.1	35.58	35.53	146.44
1991	47	29.36	−17.46	160.06
1992	55	30.09	2.47	182.79

资料来源：数据整理自《中国统计年鉴》，以 1985 年作为不变价格进行。

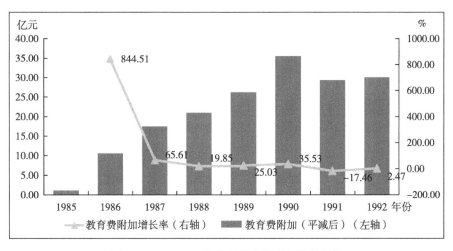

图 8　1985—1992 年我国教育费附加增长趋势

　　总之，在国务院及各部门出台的相关文件中有关教育经费投入制度或政策的影响下，本阶段财政性教育投入总量持续增加，财政性教育经费来源渠道也得到拓宽，但是需要注意的是，财政性教育经费占 GDP 的比例相对较低，占比都低于 3%，最高的年份也只达到 2.58%，而最低年份仅 2.04%。此外，财政性教育经费占 GDP 的比例并不是持续地增长，存在较大波动，在某些年份甚至负增长，这对于我国这样的教育大国来说，教育经费的投入难以满足教育事业发展的需要。

3.3.2 分税制财政体制下的教育经费投入制度 (1993—1998)

（一）教育经费投入制度梳理

20 世纪 90 年代，邓小平同志的南方谈话成为我国社会政治经济变革的转折点。1992 年党的十四大正式确立建设社会主义市场经济体制的目标。社会主义市场经济体制的确立，也推动了国家财政管理体制和教育体制的变革。20 世纪 80 年代的财政管理体制虽然在激励地方政府增加财政收入上起到了正面作用，但是也带来了种种弊端，例如：中央财政收入占全国财政总收入比例不断降低，中央政府对地方财政的调控能力遭到削弱，中央财政收入的减少也导致国家在教育等公共支出上财政经费投入乏力。

为了改善财政包干制下带来的弊端，1993 年 12 月 15 日国务院发布《关于实行分税制财政管理体制的决定》，并决定于 1994 年 1 月 1 日起改革现行地方财政包干制，开始实行分税制。此次改革对中央和地方事权及支出进行划分；对中央和地方收入进行划分；将税种划分为中央税、地方税及中央地方共享税，分别建立中央和地方税收体系；实行规范的中央财政对地方的税收返还和转移支付制度。本次财政管理体制改革适应了市场经济发展的要求，它不仅保证中央和地方都有可靠财政收入来源，有效地调动了中央和地方的积极性，而且很好地处理了中央和地方财力分配关系，对教育经费的投入也有积极作用。但是，长期以来，我国教育经费投入规模小，缺乏相应条件及投入保证机制，针对这一问题，20 世纪 80 年代国务院委托厉以宁教授、王善迈教授等学者着手研究我国教育经费投入机制及指标问题。经过研究小组和专家的研究论证，最终确定了财政性教育经费投入占 GDP 的比例应该在 4.06% ~ 4.24%，而国家也采纳了该研究成果，该研究成果对教育经费投入产生了划时代的意义，引起政府各部门高度重视和社会各界广泛关注。

1993 年 2 月，党中央、国务院发布了《中国教育改革和发展纲要》，1994 年 7 月，国务院又出台了《〈中国教育改革和发展纲要〉的实施意见》，这两者都提出："国家财政对教育的拨款是教育经费的主要渠道来源，各级政府必须予以保证；要逐步建立以国家财政拨款为主，辅之以征收用于教育的税费、收取非义务教育阶段学生学杂费、校办产业收入、社会捐资集资和设立教育基金等多种渠道筹措教育经费的体制。"该纲要指出："要逐步提高财政性教育经费的投入，到 20 世纪末，实现其占国民生产总值的比例达 4%。"在筹措教育经费具体措施中，该纲要再次强调了《关于教育体制改革的决定》中的"两个增长"，并增加了"保证教师工资和生均公用经费逐年有所增长"的规定（即"三个增长"）。与此同时，还要求各级政府努力提高教育经费投入在财政支出中的比重，"八五"时期（即1991—1995 年中国国民经济和社会发展计划时期）逐渐达到全国平均水平不低于 15%。1995 年 3 月，八届全国人大第三次会议通过并颁布的《中华人民共和国教育法》对以往政策法规中关于教育经费的投入进行总结概括，并通过法律形式正式确立了我国以财政拨款为主、多种渠道筹措教育经费为辅的教育经费投入体制。《教育法》再次强调教育经费投入的"三个增长"，并提出"两个提高"（即国家财政性教育经费占国民生产总值的比例应随着国民经济的发展和财政收入的增长而逐步提高；全国各级财政支出总额中教育经费所占比例应当随着国民经济的发展逐步提高）《教育法》的制定，明确了教育经费投入和增长原则，确立了政府在教育经费投入中的主体地位，使教育经费投入和稳步增长有了法律保障。1998 年 12 月教育部发布的《面向 21 世纪教育振兴行动计划》中提出："政府要千方百计增加教育投入，各级财政要认真落实已出台的关于教育经费投入的各项法律规定和政策，特别是要保证做到教育经费的'三个增长'，逐步提高国家财政性教育经费占国民生产总值的比例，努力实现 4% 的目标。逐步提高教育经费支出在中央和地方各级财政支出中的比重。同时，教育经费支出在各级财政支出中的占比，也应根据各地实际每年提高 1~2 个百分点。"

（二）教育经费投入特点

从财政性教育经费的投入总量看，由表 12 可知，财政性教育经费从1993 年的 867.76 亿元增加到 1998 年的 2032.45 亿元，6 年间增加了1164.69 亿元，增长了 2.3 倍，年均增长率约为 18.6%。考虑到通货膨胀的影响，本文以 1993 年价格为不变价格，对历年教育经费进行平减，以消除通货膨胀的影响。在消除通货膨胀的影响后，这段时间内国家财政性教育经费的投入增长了 1.6 倍，年均增长率为 10.9%。

表12 1993—1998 年我国教育经费投入情况 （单位：亿元）

年份	财政性教育经费	预算内教育经费	财政性教育经费（平减后）	预算内教育经费（平减后）	平减指数
1993	867.76	644.39	867.76	644.39	100.00
1994	1174.74	883.98	980.57	737.87	119.80
1995	1411.52	1028.39	1088.43	793.00	129.68
1996	1671.7	1211.91	1196.19	867.18	139.75
1997	1862.54	1357.73	1306.24	952.20	142.59
1998	2032.45	1565.59	1408.12	1084.67	144.34

资料来源：数据整理自历年《中国教育经费统计年鉴》，以 1993 年价格为不变价格。

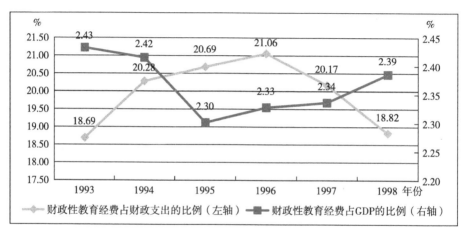

图9 1993—1999 年财政性教育经费占财政支出及 GDP 的比例

从财政性教育经费投入占比看，由图 9 可知，我国财政性教育经费占 GDP 的比例不高，增长缓慢且不稳定，一直在 2.3% 左右徘徊，其占比甚至由 1993 年的 2.43% 下降到 1998 年的 2.39%，下降了 0.04 个百分点。我国财政性教育经费占财政支出的比例相对较高，在 1996 年达到 21.6%，而最低的 1993 年也达到 18.69%。

从财政性教育经费投入增长率看，由表 13 及图 10 可知，财政性教育经费投入增长率在这五年间一直呈现下降的趋势，增长速度由 1994 年的 13%，下降为 1998 年的 7.8%。其增速也低于同期 GDP 的速度，直到 1997 年和 1998 年，其增长率才略高于 GDP 的增长率；财政性教育经费增长率从 1996 年开始一直低于同期财政收入增长率。

表 13 1994—1998 年我国财政性教育经费、
财政收入及 GDP 增长情况 （单位：亿元，%）

年份	财政性教育经费增长率	财政收入增长率	GDP 增长率
1994	13.00	0.15	13.81
1995	11.00	10.51	16.51
1996	9.90	10.13	8.64
1997	9.20	14.46	8.79
1998	7.80	12.77	5.58

资料来源：数据整理自历年《中国教育经费统计年鉴》，以 1993 年价格为不变价格。

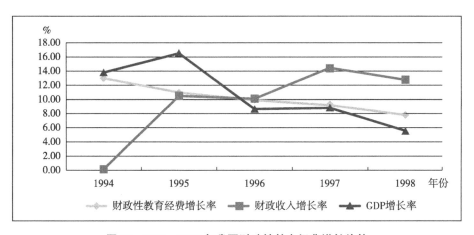

图 10 1994—1998 年我国财政性教育经费增长趋势

1993 年的《中国教育改革和发展纲要》和 1995 年的《中华人民共和国教育法》除了强调了 1985 年《关于教育体制改革的决定》中的"两个增长"外，增加了"保证教师工资和生均公用经费逐年有所增长"的规定。因此，《中国教育经费年鉴》中开始统计生均公用经费。由表 14 及图 11 可知，我国生均公用经费由 1994 年的 222.82 元增加到 1998 年的 448.5 元，在消除通货膨胀影响后，我国生均公用经费增加到 310.45 元，五年间增加了 124.6 元，年均增长率为 13.66%。

表 14 1993—1998 年我国生均公用经费情况 （单位：亿元，%）

年份	生均公用经费	生均公用经费（平减后）	生均公用经费增长率	平减指数
1993				100.00
1994	222.82	185.99		119.80
1995	287.35	221.58	19.13	129.68

续表

年份	生均公用经费	生均公用经费（平减后）	生均公用经费增长率	平减指数
1996	338.6	242.29	9.35	139.75
1997	389.82	273.39	12.84	142.59
1998	448.09	310.45	13.55	144.34

资料来源：数据由历年《教育经费统计年鉴》整理而来，以1993年价格作为不变价格计算。

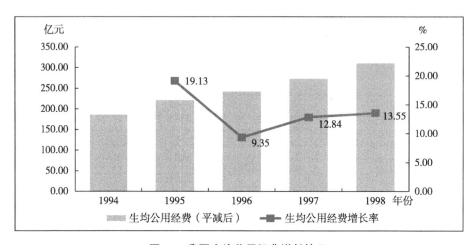

图11　我国生均公用经费增长情况

1993 年的《中国教育改革和发展纲要》指出："要逐步建立以国家财政拨款为主，多渠道筹措教育经费的体制。"1995 年的《中华人民共和国教育法》以法律形式正式确立了我国以财政拨款为主、多种渠道筹措教育经费为辅的教育经费投入体制。在这两项政策的影响下，教育经费投入来源开始多元化。由表 15 可知，教育经费总投入主要来源于财政性教育经费，而预算内教育经费拨款则是财政性教育经费最主要的资金渠道，所占比例最大，学费收入及社会捐赠也占一定比例，民办学校中举办者投入所占比重最低。国家财政性教育经费及预算内教育经费占教育总经费的比重呈现逐年下降的趋势，而学费等非财政性教育经费占教育总经费的比重总体上呈现上升趋势，其中学杂费占教育总经费的比重上升最快。

表15　1993—1998 年教育经费来源结构及比重　（单位：%）

来源	财政性教育经费		民办学校中举办者投入	社会捐赠经费	学杂费	其他教育经费
		预算内教育经费				
1993 年	81.87	60.80	0.31	6.62	8.22	2.98
1994 年	78.91	59.38	0.72	6.55	9.87	3.95

续表

来源	财政性教育经费	预算内教育经费	民办学校中举办者投入	社会捐赠经费	学杂费	其他教育经费
1995 年	75.16	54.76	1.08	8.67	10.72	4.37
1996 年	73.89	53.57	1.16	8.33	11.54	5.08
1997 年	73.57	53.63	1.19	6.74	12.88	5.62
1998 年	68.92	53.09	1.63	4.81	12.54	3.98

资料来源：《中国教育经费统计年鉴 2012》。

总之，在本阶段，随着相关文件的出台和实施，我国教育经费的投入有了法律保障和制度保障。在此阶段内，虽然财政性教育经费的投入总量逐年上升，但是，财政性教育经费占 GDP 的比例依然较低，一直在 2.3% 左右徘徊；财政性教育经费占财政支出的比例虽然相对较高，但是在 1996 年达到最大值 21.06% 后，开始呈现缓慢下降的趋势；财政性教育经费增长率在此阶段也逐年缓慢下降；生均公用经费增长率也存在较大波动，从 1995 年的 19.13% 下降到 1998 年的 13.55%；虽然财政性教育经费投入是教育总经费投入的主要来源，但也明显呈现多渠道筹措教育经费的趋势。

3.3.3　公共财政体制下的教育经费投入制度（1999—2012）

（一）教育经费投入政策梳理

1998 年 12 月召开的全国财经工作会议上，李岚清副总理明确指出，"要积极地创造条件，逐步建立公共财政基本框架"。至此，建立公共财政的改革目标得以正式确认。公共财政具有的"弥补市场失效""提供一视同仁服务""非营利性""法治化"四个基本特征，也分别从不同侧面共同反映了财政的"公共性"。2003 年 10 月，中共十六届三中全会通过的《中共中央关于完善社会主义市场经济体制若干问题的决定》中，根据我国公共财政体制框架与初步建立的判断下，提出了健全公共财政体制，明确各级政府的财政支出责任。这一阶段的改革使财政部门在履行自身职责过程中的"缺位"和"越位"问题进一步得到关注，政府财政支出越来越向教育、医疗、社保等公共服务领域倾斜，财政支出中用于教育的支出大幅增加。

1999 年 6 月，中共中央、国务院发布的《关于深化教育改革，全面推进素质教育的决定》指出：努力采取有效措施，切实加大教育投入，逐步实现 4% 目标。各级政府必须按照相关规定，确保教育经费有较大增长。中央决定，自 1998 年至 2002 年的 5 年中，每年提高 1 个百分点，逐步提高教育经费支出在中央本级财政支出中所占的比重，各级政府也要根据本地实际，增加本级财政中教育经费的支出。2006 年党的十六届六中全会通过的《中共中央关于构建社会主义和谐社会若干重大问题的决定》明确指出，提供教育公共服务是各级政府的职责，必须保证财政性教育经费的增幅高于财政经常性收入的增幅，逐渐实现 4% 的政策目标。2010 年 7 月中共中央、国务院印发的《国家中长期教育改革和发展规划纲要（2010—2020 年)》中提出："各级政府要优化财政支出结构，把教育作为财政支出重点领域，优先保障教育经费投入。按增值税、营业税、消费税的 3% 征收教育费附加用于教育事业的发展。"此外，该纲要进一步明确了"要健全政府投入为主，多渠道筹措教育经费的体制"，再次重申教育经费的"三个增长"和 4% 目标。

为了如期实现 4% 目标，国务院在 2011 年 6 月出台的《国务院关于进一步加大财政教育投入的意见》中指出：各级政府要优先发展教育，财政资金优先保障教育，要严格落实教育经费"三个增长"要求，扩宽教育经费来源渠道，多方筹措财政性教育经费。2011 年 7 月，财政部和教育部联合下发的《关于从土地出让收益中计提教育资金有关事项的通知》中要求地方各级政府按照 10% 的比例从土地出让收益中计提教育资金，作为各地区财政性教育经费的来源。2012 年温家宝总理在政府工作报告中指出："要坚持优先发展教育，教育经费要保障重点。中央财政已按国家财政性教育经费占国内生产总值的 4% 编制预算，地方财政也要相应安排，确保实现这一目标。"总之，这一系列关于教育经费投入的政策制度等，屡次强调教育经费的"三个增长""4% 目标"，为提高教育经费投入提供了制度保障。

（二）教育经费投入特点

从财政性教育经费增长率来看，由表 16 及图 12 可知，在 1999—2012 年，财政性教育经费增长率总体上呈现较快增长趋势，但波动较大；2006 年党的十六届六中全会通过的相关文件中指出要保证财政性教育经费增长幅度明显高于财政经常性收入增长幅度，以此为分水岭，在 2007 年以前，很明显，财政性教育经费的增幅低于财政收入增幅，而 2007 年以后，财政性教育经费增长幅度高于财政收入增长幅度。与此同时，生均公用经费增长率虽然总体上也呈上升趋势，但是波动特别大，且整体上出现多次波动，尤其是 2010—2012 年这三年，在此期间，生均公用经费增长率由 2010 年的 9.69% 下降到 2011 年的 −13.33%，降幅达 23.02 个百分点，又由 2011 年

的 −13.33% 增长到 2012 年的 26.54%，增幅达到 39.87 个百分点。

从财政性教育经费占比来看，由表 16 及图 13 可知，在 1999—2012 年财政性教育经费占 GDP 的比例总体呈现上升趋势，由 1999 年的 2.53% 上升到 2012 年的 4.28%，增加了 1.75 个百分点；财政性教育经费占财政支出的比例均在 15% 以上，最高值为 2012 年的 17.56%，且其比例增长特别缓慢，在屡次波动中由 1999 年的 17.34% 上升到 2012 年的 17.65%，仅增加了 0.31 个百分点。

表 16 1999—2012 年财政性教育经费增长率及占比情况 （单位：%）

年份	财政性教育经费增长率	财政收入增长率	生均公用经费增长率	财政性教育经费占 GDP 的比例	财政性教育经费占财政支出的比例
1999				2.53	17.34
2000	9.79	14.69	13.39	2.56	16.13
2001	16.86	19.83	12.84	2.76	16.17
2002	13.49	14.64	16.48	2.87	15.83
2003	7.45	11.92	13.64	2.80	15.62
2004	8.43	13.64	8.57	2.76	15.68
2005	11.23	15.40	16.10	2.76	15.21
2006	14.05	17.82	11.52	2.79	15.14
2007	22.61	22.79	17.53	2.99	16.25
2008	17.20	10.87	17.35	3.20	16.33
2009	17.04	11.87	11.69	3.42	15.65
2010	12.53	13.37	9.69	3.48	16.00
2011	19.48	15.54	−13.33	3.80	17.01
2012	16.89	10.29	26.54	4.28	17.65

资料来源：数据由历年《中国教育经费统计年鉴》《中国财政年鉴》整理而来，其中考虑财政经常性收入增长比例难以测算，财政经常性收入增长比例采用财政收入自然口径增长比例作为参考，以 1999 年价格作为不变价格。2012 年财政性教育经费数据来源于 2012 年全国教育经费执行情况统计公告。

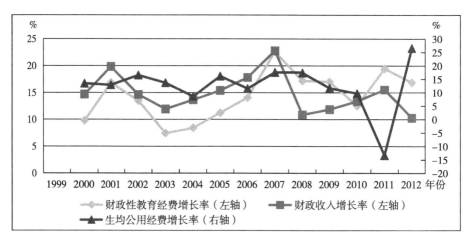

图12　财政性教育经费、财政收入、生均公用经费增长率

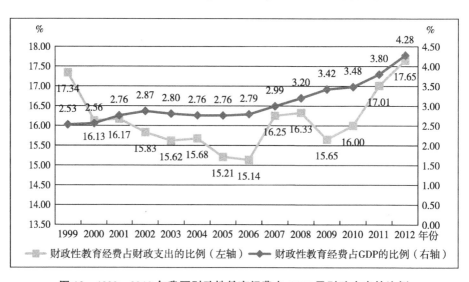

图13　1999—2012年我国财政性教育经费占GDP及财政支出的比例

　　2010年《纲要》进一步明确要完善政府投入为主，多渠道筹措教育经费的体制，由表17可知，1999—2011年，教育经费总投入主要来源于财政性教育经费，而财政性教育经费主要来源于预算内教育经费。此外，事业收入也占一定比例，教育总经费中九成以上来源于事业收入和财政性教育经费，民办学校中举办者投入所占比重最低。财政性教育经费经历了先逐步下降后缓慢上升的过程，预算内教育经费投入总体呈现上升趋势，这表明国家财政进一步加大了对教育经费的投入。民办学校中举办者投入在1999—2006年由1.88%逐步上升为5.99%，然而在2006年突然急剧下降，

由 5.99% 下降到 0.77%，降幅高达 87.1%，在 2007—2011 年，一直在 0.5% 左右低位徘徊。社会捐赠经费在此期间逐渐下降，由 1999 年的 3.76% 下降为 2011 年的 0.47%，降幅高达 87.5%。其他教育经费先上升后下降，但下降幅度相对较小，由 3.68% 下降到 2.65%。

表 17　1999—2011 年教育经费来源结构及比重　　（单位：%）

来源	财政性教育经费	预算内教育经费	民办学校中举办者投入	社会捐赠经费	事业收入	其他教育经费
1999 年	68.29	54.22	1.88	3.76	22.39	3.68
2000 年	66.58	54.19	2.23	2.96	24.38	3.85
2001 年	65.92	55.68	2.76	2.43	24.96	3.93
2002 年	63.71	56.83	3.15	2.32	26.66	4.16
2003 年	62.02	55.63	4.17	1.68	27.73	4.40
2004 年	61.66	55.61	4.80	1.29	27.77	4.48
2005 年	61.30	55.42	5.37	1.11	27.79	4.43
2006 年	64.68	59.05	5.59	0.92	24.53	4.28
2007 年	68.16	63.01	0.67	0.77	26.15	4.25
2008 年	72.06	66.79	0.48	0.71	23.22	3.53
2009 年	74.12	69.20	0.45	0.76	21.38	3.29
2010 年	74.99	68.96	0.54	0.55	20.99	2.93
2011 年	77.87	70.40	0.47	0.47	18.54	2.65

资料来源：《中国教育经费统计年鉴 2012》。

　　总之，在相关文件反复强调要加大教育投入，保障"三个增长""两个提高"的同时，努力实现 4% 目标，经过各级政府的努力和探索，2012 年我国财政性教育经费投入占 GDP 的 4.28%，终于首次实现并超过了 1993 年提出的这一目标。此外，以政府投入为主，多渠道筹措教育的体制形成。虽然教育经费投入取得了巨大成绩，但是教育经费来源存在不稳定、难以持续增长的问题。第一，虽然在此期间财政性教育经费投入大幅增长，实现了 4% 目标，但是财政性教育经费增长率出现多次波动，且幅度较大，这表明长期来看，财政性教育经费投入难以长期可持续发展；第二，虽然政府投入为主，多渠道筹措教育的体制形成，但其结构不合理，来源不稳定，财政性教育经费占经费来源的绝大多数，而社会捐赠经费等非财政性教育经费投入都呈现下降趋势，且降幅较大。

3.3.4 现代财政制度下的教育经费投入制度（2013 年至今）

（一）教育经费投入政策梳理

随着经济发展与社会进步，我国现行财税制度存在的问题逐渐显露出来，比如预算管理制度不够规范、健全和透明，无法适应治理现代化的需要；中央与地方各级政府在事权和支出责任的划分方面存在诸多不合理或不清晰之处，与建立健全财权、事权相匹配的现代财政体制相违背等。2013 年 11 月党的十八届三中全会明确提出要深化财税体制改革、建立现代财政制度。如果说此前的财税改革的目的是在经济体制改革视野内，建立与社会主义市场经济体制相适应的体制框架，那么，此轮改革就是要站在全面深化改革的大局上，建立匹配于国家治理体系和治理能力现代化的制度基础（高培勇，2014）。现代财政制度具有公共性、非营利性和规范性这三个基本特征。它要求政府部门在完善规范的制度环境和法制环境下以规范的行为履行其职能。总之，现代财政制度要求预算制度全面规范、公开透明；中央和地方事权与支出责任相匹配；定位于公共财政，市场在资源配置中起决定作用；政府应该做到既不缺位，也不越位；财政制度必须切实承担起稳定经济发展、提供公共服务等方面的职责。

2013 年 11 月党的十八届三中全会审议并通过了《中共中央关于全面深化改革若干重大问题的决定》，该决定中有关深化财税体制改革的部分明确提出："要清理规范重点支出同财政收支增幅或国内生产总值挂钩事项，重点支出一般不采取挂钩方式。"目前，我国有包括教育、农业、科技、社会保障等七类重点支出领域，在党的十八届三中全会前，这七类领域的支出是和财政收支或者 GDP 挂钩的，并且这些挂钩都有相应的政策或法律法规，在教育领域尤为明显。教育作为公共服务中非常大的支出，不仅与财政收支增幅挂钩，而且与 GDP 挂钩，除了财政性教育经费占 GDP 4%、各级政府财政支出中教育经费所占比例不低于 15% 这两个固定挂钩外，还存在"两个高于""三个增长"的弹性挂钩。

为了落实党的十八届三中全会决定中关于重点支出一般不同财政收支增幅挂钩的要求，2014 年 8 月，第十二届全国人民代表大会常务委员会第十次会议通过了《全国人民代表大会常务委员会关于修改〈中华人民共和国预算法〉的决定》，并于 2015 年 1 月 1 日起正式施行。新预算法删除了预算审查和执行中涉及法定支出的规定，同时强调各级一般公共预算支出的编制中，国家确定的各项重点支出和重大投资项目，在保证基本公共服务合理需要的前提下，予以优先安排（孙磊，2015）。

（二）教育经费投入特点

2012 年财政性教育经费占 GDP 的比例为 4.28%，这是 1993 年提出 4% 目标以来的首次达标，这一目标的实现可以说是我国教育经费投入史上的里程碑事件，教育经费投入进入后 4% 阶段。虽然相关文件中强调教育等重点支出领域一般不采取与财政收支增幅或国内生产总值挂钩方式，但是为了与 2013 年之前的数据可比，本书仍然使用上述指标来衡量财政性教育经费的投入。从图 14 可知，财政性教育经费占 GDP 的比例、财政性教育经费占财政支出的比例总体来说都呈现下降的趋势。财政性教育经费投入存在波动，2012 年 4% 目标实现之后，连续两年下降，2015 年虽有所提高，但 2016 年又开始下降；财政性教育经费占财政支出的比例从 2012 年的 17.65% 降至 2016 年的 16.71%，在此期间，与 2012 年相比，2013—2015 年财政性教育经费占财政支出的比例逐年下降，2016 年其比例才从 2015 年的 16.61% 升至 16.71%。总之，在实现 4% 目标之后的新阶段，财政性教育经费投入增长上不稳定，增长开始出现疲软迹象。

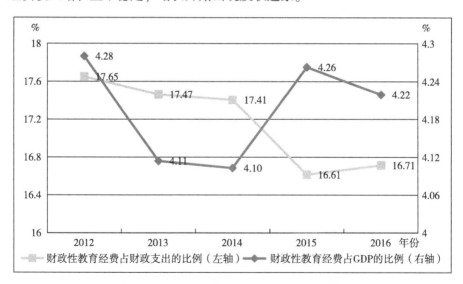

图 14　2012—2016 年财政性教育经费占比情况

（资料来源：财政性教育经费数据来源于 2013—2016 年全国教育经费执行情况统计公告，财政支出数据来源于《中国财政年鉴》）

3.4 本章小结

为了深入了解财政性教育经费投入状况及其投入制度演变过程，本章主要包括三个方面的内容。首先，对 1978—2015 年财政性教育经费投入的总体情况进行分析；其次，将财政性教育经费投入分为改革开放以来至今、4% 政策出台前、4% 政策出台后三个阶段，分别计算每个阶段教育经费投入的赫斯特指数，以了解财政性教育经费投入的特征；最后，结合 1978 年以来我国财政体制的变革，将财政性教育经费投入制度变革分为财政包干制下的教育经费投入制度、分税制财政体制下的教育经费投入制度、公共财政体制下的教育经费投入制度、现代财政制度下的教育经费投入制度四个阶段，并对不同阶段教育经费投入制度进行梳理，对不同阶段教育经费投入特点进行分析。

通过对 1978—2015 年财政性教育经费投入及其相关数据的分析，对财政性教育经费投入制度的梳理，可知财政性教育经费投入具有以下特征：第一，自改革开放以来，财政性教育经费投入绝对量逐年上涨，但是增长后劲不足，有疲软迹象；第二，从财政性教育经费投入来源看，虽然教育经费投入来源多元化，以政府投入为主，多渠道筹措教育的体制形成，但其结构不合理，来源不稳定，财政性教育经费占经费来源的绝大多数；第三，财政性教育经费投入在不同阶段具有不同的记忆性，1978—2015 年财政性教育经费的增量具有短记忆性，在 4% 政策出台前，财政性教育经费的增量也具有短记忆性，在 4% 政策出台后，财政性教育经费的增量具有长记忆性；第四，国家政策的出台、制定等对财政性教育经费投入的增长有一定影响，但是影响力有限，财政性教育经费投入及相关指标在政府关于教育投入的重要制度或政策出台的年份后"突增"和"突降"现象比较显著。

第4章
我国财政性教育经费投入的影响因素分析

4.1 引言

《学记》中"建国君民，教学为先"这句话不言而喻地反映了教育对国家治理的重要性，在两千多年后的今天，这句话同样适用。但是教育要发展，离不开国家对教育的投入。为了充分保障国家对教育的投入，20世纪80年代末，国家组织科研机构参考相关的国际数据并结合中国实际情况对教育投入问题进行研究，基于研究结论，1993年出台的《中国教育改革和发展纲要》中提出了要在2000年实现国家财政性教育经费占国民生产总值的比例达到4%的目标。1998年教育部制定的《面向21世纪教育振兴行动计划》提出，要按照《教育法》和《中国教育改革和发展纲要》的规定，逐步提高国家财政性教育经费占国民生产总值的比例，努力实现4%的目标。2006年党的十六届六中全会通过的《中共中央关于构建社会主义和谐社会若干重大问题的决定》提出，明确各级政府提供教育公共服务的职责，保证财政性教育经费增长幅度明显高于财政经常性收入增长幅度，逐步使财政性教育经费占GDP的比例达到4%。2010年国务院颁布的《国家中长期教育改革和发展规划纲要（2010—2020年)》明确提出，要逐步提高国家财政性教育经费支出占GDP的比例，在2012年达到4%。2011年为确保国家财政性教育经费支出占GDP比例达到4%，国务院出台了《关于进一步加大财政教育投入的意见》。2012年温家宝总理在《政府工作报告》中指出中央财政已按全国财政性教育经费支出占GDP的4%编制预算，地方财政要相应安排，确保实现这一目标。虽然国家出台一系列政策法规以确保实现4%目标，但是，从1993年以来国家财政性教育经费占GDP比例的数据看，情况却不容乐观，本应在20世纪末就应该实现的目标直到2012年才实现。

自 1993 年提出 4% 目标以来，国务院、教育部颁布的政策及温家宝总理的《政府工作报告》中都提到要逐步使财政性教育经费占 GDP 比例达到 4%，可见国家高度重视教育经费投入问题，但是，为什么国家财政性教育经费占 GDP 的比例一直在低位徘徊，使 4% 目标从提出到实现历经漫长的 20 年？

在分析国家财政性教育经费投入不足问题的时候，一种观点认为是由于我国经济发展水平和政府财政能力不足造成的。但是通过国际比较可以知道，有些经济发展相对落后，人均 GDP 比我国还低的国家，例如巴西、土耳其、蒙古等国，其财政性教育经费占 GDP 的比例却高于我国。很显然，仅从经济发展水平和政府财政能力分析并不能完全解释问题。另一种观点认为财政分权、政府竞争使政府在财政支出上有明显偏向，在基础设施建设等明显推动 GDP 增长的领域投入过多，而在教育、文化、医疗等公共服务行业投入上缺乏动力，投入不足。现有的对国家财政性经费投入不足的研究主要从经济发展水平、政府财政能力及财政分权理论等方面进行分析，但这些研究不能完全解释国家财政性教育经费投入不足问题。

本章基于财政分权理论，利用我国 1997—2015 年全国 31 个省、自治区、直辖市共 19 年的面板数据，对我国财政性教育经费投入的影响因素进行实证分析。本章的主要结构如下：4.1 为引言；4.2 介绍计量模型、变量选取及数据来源与说明；4.3 为研究结果与分析；4.4 为研究结论。

4.2 计量模型、变量选取及数据来源与说明

4.2.1 模型选择

本章主要利用 1997—2015 年全国 31 个省、自治区、直辖市的面板数据分析国家财政性教育经费投入的影响因素，综合其他学者的研究，本书建立如下计量模型：

$$edu_{it} = \beta_0 + \beta_1\, policypre_{it} + \beta_2\, fd_{it} + \beta_3\, control_{it} + \varepsilon_{it}$$

其中，下标 i（$i = 1, 2, \cdots, 31$）和 t（$t = 1997, 1998, \cdots, 2015$）分别代表第 i 个省份和第 t 年，被解释变量 edu 表示教育经费的投入，用财政性教育经费占财政支出的比例来反映，解释变量 $policypre$、fd 分别表示政策压力和财政分权，$control$ 表示一组控制变量，包括经济发展水平、人口数量、产业结构等，β 为系数，ε 为随机扰动项。

4.2.2　变量选取

(一) 被解释变量

本书中被解释变量为财政性教育经费占财政支出的比重。联合国教科文组织使用的教育投入类指标主要有两种类型：第一种为经费投入类指标，这类指标很多，其中公共教育经费支出在国内生产总值 (GDP) 中的占比、公共教育支出在政府公共总支出中的占比是最常用的两个指标。在我国，学者们普遍使用的是预算内教育经费或财政性教育经费支出占政府财政支出的比重、预算内教育经费或财政性教育经费支出占 GDP 的比重 (王蓉、杨建芳，2008；郑磊，2008；张光、江依妮，2010；曹淑江，2010；陈志勇、张超，2012；罗伟卿，2010；杨良松，2013)。第二种为人力投入类指标，其中最重要的指标为生师比，即各级学校学生数与专任教师数之比。我国财政性教育经费除了包括预算内教育经费外，还包括各级政府征收用于教育的税费、企业拨款、其他收入等。财政性教育经费占财政支出的比重反映了所有财政性教育经费投入，若只考虑预算内教育经费占财政支出的比重会低估国家对教育的投入，而且国家提出的 4% 目标使用的也是财政性教育经费占 GDP 的比例而不是预算内教育经费占 GDP 的比例，此外，由于不同的教育阶段，生师比差异较大，所以生师比适用于不同教育阶段经费投入的比较，而本书没有对不同教育阶段的财政性教育经费投入进行分析。基于上述原因，本书使用财政性教育经费占财政支出的比例作为被解释变量。

(二) 解释变量

(1) 财政分权

财政分权作为本书的重要解释变量，能否科学、准确地测量财政分权水平对研究至关重要。财政分权概念的界定和测量指标的选取对实证研究的结果有决定性作用，财政分权的测量指标不同，可能导致对同类问题的研究有截然不同的结果，以财政分权与经济增长之间的关系为例，Zhang 和 Zhou (2001) 利用 1980—1992 年的省级面板数据，以省级预算内支出占中央预算内支出的比重、人均省级预算内支出占人均中央预算内支出的比重三个指标测量财政分权水平，研究认为财政分权对经济增长有阻碍作用；林毅夫、刘志强 (2000) 使用 1970—1993 年的省级面板数据，以省级政府在本省预算收入中的边际分成率作为该省财政分权水平的测度指标，研究却认为财政分权对经济发展起积极作用；而 Qiao、Martinez-Vazquez 和 Xu（2008）利用 1985—1998 年的省级面板数据，以人均省级财政支出与全国省级财政支出、人均中央财政支出之和的比例度量财政分权水平，研究表明财政分权对经济增长的影响不显著。

目前，关于财政分权的研究很丰富，财政分权的测量指标也很多，但是考虑到指标选取的可行性及数据的可获得性，已有研究使用的指标普遍以财政收支数据为基础来构造，具体内容见表 18。

表 18　财政分权的测量指标表

分权类型	测量指标
财政收入分权	各省本级财政收入/国家财政总收入 各省本级财政收入/中央本级财政收入 人均各省本级财政收入/全国人均财政收入 人均各省本级财政收入/人均中央本级财政收入
财政支出分权	各省本级财政支出/国家财政总支出 各省本级财政支出/中央本级财政支出 人均各省本级财政支出/全国人均财政支出 人均各省本级财政支出/人均中央本级财政支出
混合指标	地方财政收支缺口/地方本级财政支出 地方财政收支缺口/地方本级财政收入 财政转移支付/地方本级财政支出 财政转移支付/地方本级财政收入

由于财政分权是一个复杂的、多维概念，涉及国家财政事务的各方面，不同研究者基于对财政分权的不同理解，给出了不同的测量指标，国内外很多学者对已有研究使用的财政分权测量指标进行归纳并对其优劣进行了探讨（Akai、Sakata，2002；Ebel、Yilmaz，2002；赵志耘、郭庆旺，2005；樊勇，2006；秦强，2010；张光，2011）。总体来说，研究所使用的财政分权指标由财政收入分权指标和财政支出分权指标构成，而且财政收入分权指标与财政支出分权指标的构造方法基本相同，但是目前为止，并没有能够完全反映财政分权水平的完美指标，任何指标都或多或少存在缺陷。本书考虑到数据的可获得性及遵循已有研究的普遍做法，从财政收入分权和财政支出分权两方面来考察财政分权度，以地方人均本级财政收入占全国人均财政收入之比作为衡量财政收入分权的指标（即财政收入分权），以地

方人均本级财政支出占全国人均财政支出之比作为衡量财政支出分权的指标（即财政支出分权），本书之所以选择人均财政收入比值而不是财政收入总量的比值，是因为人均化处理之后，可以去除人口规模因素对各地方财政分权度的影响。

（2）政策压力

政策压力也是本研究重点考虑的解释变量。4% 政策目标自 1993 年正式提出到 2012 年实现目标历经近 20 年的时间，政府对实现 4% 政策目标的承诺屡次落空。作为一项由国家制定并写入《教育法》的政策为什么难以落实？4% 政策对地方政府教育经费投入行为是否有约束力？基于此问题，本书设置了政策压力变量用于分析政策压力是否有利于地方政府财政性教育经费的提高。本书考虑使用 4% 政策目标与各地区财政性教育经费占各地区GDP 的比重之间的差值来衡量政策压力。如果政策压力对地方政府财政性教育经费投入有约束力，那么当前一年地方政府教育经费投入没有达到4%，但是距离 4% 目标较近时，地方政府感受到政策压力，在下一年地方政府可能会积极应对，促使财政性教育经费投入的增加以实现 4% 目标，但是如果当前一年地方政府的教育经费投入离 4% 目标很远，即使努力也难以达到 4% 目标时，地方政府感受到的政策压力越大，地方政府越倾向于消极应对，在下一年甚至减少对教育经费的投入。

（3）控制变量

本书的控制变量包括经济发展水平、人口规模与结构、城市化水平、产业结构、财政自给度及转移支付。

经济发展为教育发展提供物质保障，一个国家或地区的经济发展水平可以影响一个国家或地区教育的发展。本书以人均 GDP 作为衡量地方经济发展水平的指标，通常来说，经济越发达，政府的财政能力越强，教育经费投入的水平可能越高。

一个国家或地区的人口规模和结构可能对教育投入产生影响，地区人口规模大可能会增加国家对教育的投入，也有可能由于规模效应导致边际成本下降，人口结构不同，教育的投入也不同，本书以人口数量来衡量人口规模，以少儿抚养比衡量各地区人口结构，其中少儿抚养比即 0 ~ 14 岁人口与 15 ~ 64 岁人口比例。少儿抚养比对教育投入的影响不明确，0 ~ 14 岁人口中，7 ~ 14 岁的人口应接受义务教育，义务教育的适龄人口越多，对教育的投入可能越大，但是 15 ~ 64 岁人口中，15 ~ 22 岁的人口应接受高中教育和大学教育，其人口越多，对教育的投入也可能越大。

城市化水平在一定程度上反映了地方经济、文化等方面的发展水平，城市化水平高的地区，通常教育投入会较多，反之则少，本书使用非农业人口占总人口的比例来度量城市化水平。通常而言，非农业人口占总人口的比例越高，对教育的投入可能会越高。

产业结构通常可以反映经济增长对工业、农业、服务业的依赖程度，产业结构的差异可能造成地区之间地方政府财力的差异，从而进一步影响地方政府对教育的投入水平。本书使用地区第一产业产值占地区生产总值的比例来衡量产业结构。第一产业产值占地区生产总值的比例越高，对农业的依赖程度越高，对教育的投入可能越少。

财政自给度在一定程度上可以反映政府财力的平衡状况，对政府支出结构会产生影响，本书中使用地方本级财政收入占地方本级财政支出的比重来衡量财政自给度，财政自给度越高即政府财力越平衡，那么可能会增加当地教育的投入。

我国财政转移支付是地方政府财政收入的组成部分，也是教育的主要资助对象之一，尤其是对于经济欠发达地区来说更是如此。中央对地方的补助收入包括专项转移支付和一般转移支付，具体来说，转移支付种类繁多且复杂，转移支付数据难以全面搜集，基于此，本书使用中央补助收入来衡量政府转移支付对教育投入产生的影响。转移支付对地方政府教育投入的影响可以分为以下三种：第一，转移支付使地方政府增加了对教育的投入，这可能是因为政府财政收入随着转移支付增加而增加，于是地方政府将多出来的部分收入投入教育领域；第二，转移支付与地方政府投入之间是替代关系，也就是说，地方政府虽然把转移支付资金用作教育投入，但是同时也把原本应该属于教育经费的资金投入其他领域；第三，转移支付使地方政府减少了对教育的投入。这种情况出现在中央政府要求地方政府为其他转移支付项目提供配套资金时，此时地方政府所获得的转移支付增加，用于教育的财政性支出反而越少（Tsang、Levin，1983；张光，2006）。各变量的详细说明，可以见表19。

表19 变量详细说明

变量符号	变量名称	变量定义
edu	教育经费投入	财政性教育经费/财政支出
frdrj	财政收入分权	地方人均本级财政收入/全国人均财政收入
fedrj	财政支出分权	地方人均本级财政支出/全国人均财政支出

变量符号	变量名称	变量定义
policypre_lag	政策压力	滞后一期的 4% 政策目标与各地区财政性教育经费占 GDP 的比重之差
chidratio	少儿抚养比	0 ~ 14 岁人口/15 ~ 64 岁人口
urbanlev	城市化水平	非农业人口/总人口
indstru	产业结构	第一产业产值/地区生产总值
lnpop	人口规模	人口数量取对数
lnrjgdp	经济水平	人均 GDP 取对数
lngrant	转移支付	中央补助收入取对数
czzjd	财政自给度	地方本级财政收入/地方本级财政支出

表 20 变量的描述统计

变量名称	均值	标准差	最小值	最大值	观测数
教育经费投入	21.35	4.759	9.175	42.02	589
政策压力	0.125	2.014	-14.45	2.380	570
财政收入分权	0.571	0.555	0.170	3.290	589
财政支出分权	0.991	0.633	0.360	4.760	589
少儿抚养比	27.48	8.804	9.640	57.78	589
城市化水平	35.62	16.97	13.80	90.32	589
产业结构	14.13	7.545	0.440	37.90	589
人口规模	8.055	0.887	5.513	9.291	589
经济水平	9.710	0.887	7.703	11.58	589
转移支付	5.894	1.039	2.761	8.103	589
财政自给度	51.68	19.71	5.303	95.09	589

表 20 中变量的描述性统计结果表明，除了人口规模外，其他变量特别是解释变量的差异性较大，例如，政策压力变量差距在 -14.45% ~ 2.38% 之间，这说明各地区在教育经费投入上差异过大，无论是财政收入分权还是财政支出分权指标，各地区也有较大差异；产业结构变量最大值为 37.9%，而最小值为 0.44%，这也表明各地区在产业结构上差异巨大。

4.2.3 数据说明

本书中教育经费类数据来源于历年《中国教育经费统计年鉴》《新中国

六十年统计资料汇编》；财政收支类数据来源于历年《中国财政年鉴》；人口类数据来源于历年《中国人口统计年鉴》；经济类数据来源于历年《中国统计年鉴》。共收集了 1997—2015 年 19 年间 31 个省（自治区、直辖市）的教育、经济、财政、人口等方面的相关数据。此外，为了消除物价变动因素的影响，本书对于所选取的变量，均以 1996 年为基期，消除了物价变动因素的影响而计算出实际值，实证分析时各变量指标数据（比例数据除外）均取自然对数以消除异方差的影响。

4.3 研究结果

本书主要运用 Stata13 软件来分析财政性教育经费投入的影响因素。通常来说，对于静态面板数据，通常有混合效应模型（Pooded effect model）、随机效应模型（Fixed effect model）以及固定效应模型（Random effect model）三种估计方法。为了确定本章的静态面板数据模型估计方法，本书主要进行如下筛选：首先，对模型进行 Wald 检验，来确定选择固定效应模型还是混合效应模型，Wald 检验的结果拒绝原假设，则可知固定效应模型优于混合效应模型；其次，运用 Hausman 检验，来确定选择固定效应模型还是随机效应模型。Hausman 检验的结果拒绝了固定效应模型和随机效应模型系数在统计学上不存在显著差异的原假设，因此，我们选择固定效应模型为本章的基准估计模型。

4.3.1 基本回归结果

表 21 财政性教育经费投入影响因素回归结果

项目	(1)	(2)	(3)	(4)	(5)
	FE	FE	FE	FE	FE
chidepratio	− 0.051 **	− 0.119 ***	− 0.106 ***	− 0.108 ***	− 0.024
	(0.026)	(0.034)	(0.035)	(0.034)	(0.026)
urbanlev	− 0.056 ***	− 0.049 **	− 0.009	− 0.065 ***	− 0.066 ***
	(0.013)	(0.019)	(0.018)	(0.020)	(0.015)

续表

项目	(1)	(2)	(3)	(4)	(5)
	FE	FE	FE	FE	FE
indstru	0.022	−0.027	−0.037	−0.035	0.005
	(0.024)	(0.031)	(0.032)	(0.031)	(0.024)
lnpop	4.150***	4.849***	3.455***	3.621***	1.303**
	(0.449)	(0.698)	(0.825)	(0.804)	(0.658)
lnrjgdp	2.328***	0.602	−0.004	1.105	2.850***
	(0.684)	(0.892)	(0.904)	(0.902)	(0.676)
czzjd	−0.014	−0.045	0.030	−0.051	0.017
	(0.020)	(0.031)	(0.028)	(0.031)	(0.024)
lngrant	−3.672***	−5.241***	−3.744***	−4.280***	−1.085
	(0.532)	(0.788)	(0.862)	(0.844)	(0.703)
policypre_lag	0.259***				0.242***
	(0.060)				(0.058)
fedrj		0.031***		0.047***	0.011*
		(0.006)		(0.008)	(0.007)
frdrj			0.005	−0.020***	−0.030***
			(0.005)	(0.007)	(0.005)
_cons	−9.633	13.292	17.396*	14.352	−6.452
	(7.073)	(9.123)	(9.295)	(9.065)	(6.873)
N	570	589	589	589	570
R^2	0.505	0.411	0.388	0.421	0.539
r2_w	0.505	0.411	0.388	0.421	0.539
r2_b	0.803	0.729	0.743	0.720	0.485

注：*、**、***分别代表0.1、0.05、0.01的显著性水平，括号内为稳健性标准误。

表21列出了财政分权、政策压力、经济发展水平、人口规模、人口结构、城市化水平、产业结构等因素对财政性教育经费投入影响的回归分析结果，各个模型的被解释变量均为财政性教育经费占财政支出的比重，这一指标衡量了地方政府在教育上的投入。表20的模型（1）在控制其他变量的情况下，重点考察政策压力变量对财政性教育经费投入的影响，从模型（1）可以知道，在其他变量保持不变的情况下，少儿抚养比、城市化水平、转移支付对财政性教育投入存在显著的负面影响，少儿抚养比每增加

一个百分点，财政性教育经费占财政支出的比重就会降低 0.051 个百分点；城市化水平每增加一个百分点，财政性教育经费占财政支出的比重就会降低 0.056 个百分点；转移支付每增加一个百分点，财政性教育经费占财政支出的比重就会降低 0.0367 个百分点。模型（1）中人口数量、经济发展水平、政策压力对财政性教育经费占财政支出的比重具有显著的正效应，人口数量每增加一个百分点，财政性教育经费占财政支出的比重就会增加 0.0415 个百分点；人均 GDP 每提高一个百分点，财政性教育经费占财政支出的比重就会增加 0.0232 个百分点；政策压力每增加一个百分点，财政性教育经费占财政支出的比重就会增加 0.259 个百分点；产业结构、财政自给度对财政性教育经费占财政支出的比重没有显著影响。

表 21 的模型（2）在控制其他变量的情况下，着重考虑财政支出分权对财政性教育经费投入的影响，从模型（2）可知，少儿抚养比、城市化水平、转移支付对财政性教育经费占财政支出的比重有显著的负效应，少儿抚养比每提高一个百分点，财政性教育经费占财政支出的比重就会减少 0.119 个百分点；非农业人口占总人口的比重每提高一个百分点，财政性教育经费占财政支出的比重就会减少 0.049 个百分点；转移支付每增加一个百分点，财政性教育经费占财政支出的比重就会减少 0.0524 个百分点。人口数量、财政支出分权对财政对性教育经费占财政支出的比重有显著的正效应，人口数量每提高一个百分点，政性教育经费占财政支出的比重就会增加 0.0484 个百分点；财政支出分权每提高一个百分点，政性教育经费占财政支出的比重就会增加 0.031 个百分点。产业结构、经济发展水平、财政自给度对财政性教育经费投入比重没有显著影响。

表 21 的模型（3）在控制其他变量的情况下，着重考虑财政收入分权对财政性教育经费投入的影响，从模型（3）可知，少儿抚养比、转移支付对财政性教育经费占财政支出的比重有显著的负效应，少儿抚养比每提高一个百分点，财政性教育经费占财政支出的比重就会减少 0.106 个百分点；转移支付每提高一个百分点，财政性教育经费占财政支出的比重就会减少 0.0374 个百分点；人口数量对财政性教育经费占财政支出的比重有显著的正效应，人口数量每增加一个百分点，财政性教育经费占财政支出的比重就会增加 0.0345 个百分点；城市化水平、产业结构、经济发展水平、财政自给度、财政收入分权对财政性教育经费占财政支出的比重没有显著影响。

表 21 的模型（4）在控制其他变量的情况下，考虑财政收入分权和财

政支出分权对财政性教育经费投入的影响，从模型（4）可知，少儿抚养比、城市化水平、转移支付、财政收入分权对财政性教育经费占财政支出的比重有显著的负效应，少儿抚养比每提高一个百分点，财政性教育经费占财政支出的比重就会减少0.108个百分点；非农业人口占总人口的比重每提高一个百分点，财政性教育经费占财政支出的比重就会减少0.065个百分点；转移支付每提高一个百分点，财政性教育经费占财政支出的比重就会减少0.0428个百分点；财政收入分权度每提高一个百分点，财政性教育经费占财政支出的比重就会减少0.02个百分点。人口数量、财政支出分权对财政性教育经费占财政支出的比重有显著的正效应，人口数量每提高一个百分点，财政性教育经费占财政支出的比重就会提高0.0362个百分点；财政支出分权度每提高一个百分点，财政性教育经费占财政支出的比重就会提高0.047个百分点。产业结构、经济发展水平、财政自给度对财政性教育经费投入没有显著影响。

表21的模型（5）综合考虑了各个因素对财政性教育经费投入的影响。从模型（5）可知，城市化水平、财政收入分权对财政性教育投入存在显著的负面影响，非农业人口占总人口的比重每增加一个百分点，财政性教育经费占财政支出的比重就会降低0.066个百分点，财政收入分权度每增加一个百分点，财政性教育经费占财政支出的比重就会降低0.03个百分点。人口数量、经济发展水平、政策压力、财政支出分权对财政性教育经费占财政支出的比重具有显著的正效应，人口数量每增加一个百分点，财政性教育经费占财政支出的比重就会增加0.013个百分点；人均GDP每增加一个百分点，财政性教育经费占财政支出的比重就会增加0.0285个百分点；政策压力每增加一个百分点，财政性教育经费占财政支出的比重就会增加0.242个百分点；财政支出分权度每提高一个百分点，财政性教育经费占财政支出的比重就会增加0.011个百分点；少儿抚养比、产业结构、财政自给度对财政性教育经费投入没有显著影响。

表 22　加入地区变量的基本回归结果

项目	（1）	（2）	（3）	（4）	（5）
	FE	FE	FE	FE	FE
chidepratio	− 0.063 **	− 0.133 ***	− 0.119 ***	− 0.122 ***	− 0.036
	(0.027)	(0.035)	(0.036)	(0.035)	(0.026)

项目	(1) FE	(2) FE	(3) FE	(4) FE	(5) FE
urbanlev	−0.052***	−0.042**	−0.006	−0.059***	−0.062***
	(0.014)	(0.019)	(0.018)	(0.020)	(0.015)
indstru	0.021	−0.020	−0.018	−0.028	0.009
	(0.026)	(0.034)	(0.035)	(0.034)	(0.025)
lnpop	4.445***	5.270***	3.799***	4.016***	1.504**
	(0.469)	(0.717)	(0.837)	(0.816)	(0.663)
lnrjgdp	2.490***	0.932	0.691	1.468	3.255***
	(0.752)	(0.968)	(0.991)	(0.976)	(0.736)
czzjd	−0.029	−0.063*	0.017	−0.070**	0.005
	(0.021)	(0.033)	(0.030)	(0.033)	(0.025)
lngrant	−3.894***	−5.465***	−3.905***	−4.479***	−1.215*
	(0.543)	(0.792)	(0.862)	(0.846)	(0.702)
central	−0.655*	−0.965**	−1.188***	−1.011**	−0.961***
	(0.370)	(0.415)	(0.422)	(0.412)	(0.363)
east	0.506*	0.695*	0.678*	0.798*	0.647*
	(0.279)	(0.286)	(0.290)	(0.381)	(0.275)
policypre_lag	0.198***				0.147**
	(0.072)				(0.070)
fedrj		0.030***		0.047***	0.010
		(0.006)		(0.008)	(0.007)
frdrj			0.003	−0.021***	−0.031***
			(0.005)	(0.007)	(0.005)
_cons	−11.067	9.396	10.211	10.340	−9.887
	(7.644)	(9.915)	(10.104)	(9.841)	(7.374)
N	570	589	589	589	570
R^2	0.510	0.419	0.397	0.429	0.546
r2_w	0.510	0.419	0.397	0.429	0.546
r2_b	0.778	0.719	0.739	0.703	0.564

注：*、**、***分别代表0.1、0.05、0.01的显著性水平，括号内为稳健性标准误。

我国各地区政治、经济、文化等差异较大，不同地区财政性教育经费投入可能存在差异，对此本书在模型中引入地区虚拟变量来考察。具体来说，是以西部地区作为参照组，如果该地区属于东部地区，则令虚拟变量 east = 1，否则为 0；如果该地区属于中部地区，则令虚拟变量 central = 1，否则为 0。从表 22 可以知道，东部地区与西部地区在教育经费投入上存在显著差异，中部地区与西部地区也存在显著差异。

4.3.2　分地区回归结果

我国幅员辽阔，受地理环境、资源禀赋等因素的影响，各省、自治区、直辖市经济发展水平差异较大，为了考虑不同地区的影响，本书参照国家统计局的标准对东中西部地区进行划分，其中，北京、天津、河北、辽宁、上海、江苏、浙江、福建、山东、广东、广西、海南属于东部地区；山西、内蒙古、吉林、黑龙江、安徽、江西、河南、湖北、湖南属于中部地区；重庆、四川、贵州、云南、西藏、陕西、甘肃、青海、宁夏、新疆属于西部地区。

（一）东部地区回归分析结果

表 23　东部地区财政性教育经费投入影响因素回归结果

项目	（1）FE	（2）FE	（3）FE	（4）FE	（5）FE
chidepratio	− 0.121 ***	− 0.242 ***	− 0.243 ***	− 0.228 ***	− 0.088 **
	(0.042)	(0.070)	(0.071)	(0.070)	(0.041)
urbanlev	− 0.163 ***	− 0.134 ***	− 0.129 ***	− 0.119 ***	− 0.128 ***
	(0.020)	(0.034)	(0.035)	(0.034)	(0.022)
indstru	0.004	− 0.356 ***	− 0.353 ***	− 0.342 ***	0.032
	(0.073)	(0.099)	(0.100)	(0.098)	(0.068)
lnpop	1.629 **	4.692 ***	4.946 ***	2.768 *	− 2.226 **
	(0.818)	(1.420)	(1.514)	(1.623)	(1.112)
lnrjgdp	2.231	− 5.984 **	− 6.236 **	− 4.354 *	4.636 ***
	(1.547)	(2.537)	(2.596)	(2.601)	(1.527)
lnrjgdp	0.032	− 0.074	− 0.032	− 0.155 **	− 0.035
	(0.043)	(0.067)	(0.066)	(0.075)	(0.045)
lnrjgdp	− 2.005 *	− 8.129 ***	− 8.282 ***	− 6.429 ***	1.600
	(1.070)	(1.555)	(1.637)	(1.697)	(1.241)

续表

项目	(1) FE	(2) FE	(3) FE	(4) FE	(5) FE
policypre_lag	0.322				0.195
	(0.245)				(0.255)
policypre_lag		0.050***		0.171***	0.149***
		(0.011)		(0.052)	(0.032)
policypre_lag			−0.046***	−0.130**	−0.175***
			(0.011)	(0.055)	(0.034)
_cons	5.834	108.902***	106.490***	106.336***	0.110
	(17.217)	(27.222)	(27.577)	(26.939)	(16.268)
N	209	228	228	228	209
R^2	0.494	0.316	0.299	0.334	0.564
r2_w	0.494	0.316	0.299	0.334	0.564
r2_b	0.168	0.679	0.681	0.659	0.701

注：*、**、***分别代表0.1、0.05、0.01的显著性水平，括号内为稳健性标准误。

表23列出了财政分权、政策压力、经济发展水平、人口规模与结构、城市化水平、产业结构等因素对东部地区财政性教育经费投入影响的回归分析结果，各个模型的被解释变量均为财政性教育经费占财政支出的比重，这一指标衡量了东部地区地方政府在教育上的投入。表23的模型（1）在控制其他变量的情况下，重点考察政策压力变量对财政性教育经费投入的影响，从模型（1）可以知道，在其他变量保持不变的情况下，少儿抚养比、城市化水平、转移支付对东部地区财政性教育经费投入存在显著的负面影响，少儿抚养比每增加一个百分点，财政性教育经费占财政支出的比重就会减少0.121个百分点；非农业人口占总人口的比重每增加一个百分点，财政性教育经费占财政支出的比重就会降低0.163个百分点；转移支付每增加一个百分点，财政性教育经费占财政支出的比重就会降低0.020个百分点。人口数量对东部地区财政性教育经费占财政支出的比重具有显著的正效应，人口数量每增加一个百分点，财政性教育经费占财政支出的比重就会增加0.016个百分点。产业结构、经济发展水平、财政自给度、政策压力对东部地区财政性教育经费的投入比重没有显著影响。

表23的模型（2）在控制其他变量的情况下，着重考虑财政支出分权对东部地区财政性教育经费投入的影响，从模型（2）可知，人口数量、财

政支出分权对东部地区财政性教育经费占财政支出的比重有显著的正效应，人口数量每提高一个百分点，财政性教育经费占财政支出的比重就会增加 0.046 个百分点；财政支出分权度每提高一个百分点，财政性教育经费占财政支出的比重就会增加 0.05 个百分点。少儿抚养比、城市化水平、产业结构、经济发展水平、转移支付对东部地区财政性教育经费占财政支出的比重有显著的负效应，少儿抚养比每增加一个百分点，财政性教育经费占财政支出的比重就会减少 0.242 个百分点；非农业人口占总人口的比例每增加一个百分点，财政性教育经费占财政支出的比重就会减少 0.134 个百分点；第一产业产值占地区生产总值的比重每增加一个百分点，财政性教育经费占财政支出的比重就会减少 0.356 个百分点；人均 GDP 每增加一个百分点，财政性教育经费占财政支出的比重就会减少 0.0598 个百分点；转移支付每增加一个百分点，财政性教育经费占财政支出的比重就会减少 0.0812 个百分点。财政自给度对东部地区财政性教育经费投入比重没有显著影响。

表 23 的模型（3）在控制其他变量的情况下，着重考虑财政收入分权对东部地区财政性教育经费投入的影响，从模型（3）可知，人口数量对东部地区财政性教育经费占财政支出的比重有显著的正效应，人口数量每增加一个百分点，财政性教育经费占财政支出的比重就会增加 0.0494 个百分点。财政收入分权、少儿抚养比、城市化水平、产业结构、经济发展水平、转移支付对东部地区财政性教育经费占财政支出的比重具有显著的负效应，财政收入分权度每提高一个百分点，财政性教育经费占财政支出的比重就会降低 0.046 个百分点；少儿抚养比每增加一个百分点，财政性教育经费占财政支出的比重就会减少 0.243 个百分点；非农业人口占总人口的比例每增加一个百分点，财政性教育经费占财政支出的比重就会减少 0.129 个百分点；第一产业产值占地区生产总值的比重每增加一个百分点，财政性教育经费占财政支出的比重就会减少 0.353 个百分点；人均 GDP 每增加一个百分点，财政性教育经费占财政支出的比重就会减少 0.0623 个百分点；转移支付每增加一个百分点，财政性教育经费占财政支出的比重就会减少 0.0828 个百分点。财政自给度对东部地区财政性教育经费投入比重没有显著影响。

表 23 的模型（4）在控制其他变量的情况下，考虑财政收入分权和财政支出分权对东部地区财政性教育经费投入的影响，从模型（4）可知，财政支出分权、人口数量对东部地区财政性教育经费占财政支出的比重有显著的正效应，财政支出分权度每提高一个百分点，财政性教育经费占财政

支出的比重就会增加 0. 171 个百分点；人口数量每增加一个百分点，财政性教育经费占财政支出的比重就会增加 0. 0276 个百分点。少儿抚养比、城市化水平、产业结构、经济发展水平、财政自给度、转移支付、财政收入分权对东部地区财政性教育经费占财政支出的比重具有显著的负效应，少儿抚养比每增加一个百分点，财政性教育经费占财政支出的比重就会减少 0. 228 个百分点；非农业人口占总人口的比例每增加一个百分点，财政性教育经费占财政支出的比重就会减少 0. 119 个百分点；第一产业产值占地区生产总值的比重每增加一个百分点，财政性教育经费占财政支出的比重就会减少 0. 342 个百分点；人均 GDP 每增加一个百分点，财政性教育经费占财政支出的比重就会减少 0. 0435 个百分点；财政自给度每增加一个百分点，财政性教育经费占财政支出的比重就会减少 0. 155 个百分点；转移支付每增加一个百分点，财政性教育经费占财政支出的比重就会减少 0. 0643 个百分点；财政收入分权每增加一个百分点，财政性教育经费占财政支出的比重就会减少 0. 13 个百分点。

表 23 的模型（5）综合考虑了各个因素对东部地区财政性教育经费投入的影响。从模型（5）可知，财政支出分权、经济发展水平对东部地区财政性教育投入存在显著的正面影响，财政支出分权度每提高一个百分点，财政性教育经费占财政支出的比重就会增加 0. 149 个百分点；人均 GDP 每增加一个百分点，财政性教育经费占财政支出的比重就会增加 0. 0463 个百分点。少儿抚养比、城市化水平、人口数量、财政收入分权对东部地区财政性教育经费占财政支出的比重具有显著的负面影响，少儿抚养比每增加一个百分点，财政性教育经费占财政支出的比重就会减少 0. 088 个百分点；非农业人口占总人口的比例每增加一个百分点，财政性教育经费占财政支出的比重就会减少 0. 128 个百分点；人口数量每提高一个百分点，财政性教育经费占财政支出的比重就会减少 0. 023 个百分点；财政收入分权每提高一个百分点，财政性教育经费占财政支出的比重就会减少 0. 175 个百分点。产业结构、财政自给度、转移支付、政策压力对东部地区财政性教育经费投入比重没有显著影响。

（二）中部地区回归分析结果

表 24　中部地区财政性教育经费投入影响因素回归结果

项目	(1) FE	(2) FE	(3) FE	(4) FE	(5) FE
chidepratio	− 0. 084 **	− 0. 103 **	− 0. 102 **	− 0. 110 **	− 0. 092 **
	(0. 040)	(0. 043)	(0. 043)	(0. 043)	(0. 039)
urbanlev	0. 106 ***	0. 114 ***	0. 102 ***	0. 107 ***	0. 102 ***
	(0. 027)	(0. 031)	(0. 031)	(0. 031)	(0. 028)
indstru	− 0. 170 ***	− 0. 206 ***	− 0. 197 ***	− 0. 183 ***	− 0. 145 ***
	(0. 039)	(0. 042)	(0. 042)	(0. 042)	(0. 039)
lnpop	5. 783 ***	8. 245 ***	7. 297 ***	7. 828 ***	5. 532 ***
	(0. 981)	(1. 307)	(1. 279)	(1. 300)	(1. 266)
lnrjgdp	− 1. 912 **	− 2. 613 *	− 1. 441	− 1. 652	− 1. 145
	(0. 812)	(1. 349)	(1. 399)	(1. 392)	(1. 279)
czzjd	− 0. 052	− 0. 097 *	− 0. 101 ***	− 0. 215 ***	− 0. 189 ***
	(0. 036)	(0. 051)	(0. 037)	(0. 071)	(0. 065)
czzjd	− 2. 320 **	− 5. 393 ***	− 4. 989 ***	− 5. 465 ***	− 2. 446 **
	(1. 171)	(1. 177)	(1. 141)	(1. 160)	(1. 204)
policypre_lag	− 1. 519 ***				− 1. 565 ***
	(0. 296)				(0. 294)
fedrj		0. 014		0. 138 *	0. 176 **
		(0. 035)		(0. 074)	(0. 068)
frdrj			− 0. 025	− 0. 088 **	− 0. 096 ***
			(0. 018)	(0. 038)	(0. 035)
_cons	6. 776	16. 970	12. 954	18. 163 *	9. 217
	(8. 767)	(10. 488)	(10. 049)	(10. 344)	(9. 625)
N	171	171	171	171	171
R^2	0. 704	0. 651	0. 655	0. 664	0. 720
r2_w	0. 704	0. 651	0. 655	0. 664	0. 720
r2_b	0. 498	0. 620	0. 605	0. 609	0. 460

注：*、**、*** 分别代表 0. 1、0. 05、0. 01 的显著性水平，括号内为稳健性标准误。

表 24 列出了财政分权、政策压力、经济发展水平、人口规模与结构、城市化水平、产业结构等因素对中部地区财政性教育经费投入影响的回归

分析结果，各个模型的被解释变量均为财政性教育经费占财政支出的比重，这一指标衡量了中部地区地方政府在教育上的投入。表24的模型（1）在控制其他变量的情况下，重点考察政策压力变量对中部地区财政性教育经费投入的影响，从模型（1）可以知道，在其他变量保持不变的情况下，少儿抚养比、产业结构、经济发展水平、政策压力、转移支付对中部地区财政性教育经费投入存在显著的负面影响，少儿抚养比每增加一个百分点，财政性教育经费占财政支出的比重就会减少0.084个百分点；第一产业产值占地区生产总值的比重每增加一个百分点，财政性教育经费占财政支出的比重就会降低0.17个百分点；人均GDP每增加一个百分点，财政性教育经费占财政支出的比重就会减少0.019个百分点；政策压力每增加一个百分点，财政性教育经费占财政支出的比重就会降低1.519个百分点；转移支付每增加一个百分点，财政性教育经费占财政支出的比重就会降低0.023个百分点。城市化水平、人口数量对财政性教育经费占财政支出的比重具有显著的正效应，非农业人口占总人口的比重每提高一个百分点，财政性教育经费占财政支出的比重就会增加0.106个百分点；人口数量每提高一个百分点，财政性教育经费占财政支出的比重就会增加0.0578个百分点。财政自给度对中部地区财政性教育经费的投入比重没有显著影响。

表24的模型（2）在控制其他变量的情况下，着重考虑财政支出分权对中部地区财政性教育经费投入的影响，从模型（2）可知，少儿抚养比、产业结构、经济发展水平、财政自给度、转移支付对财政性教育经费占财政支出的比重有显著的负效应，少儿抚养比每增加一个百分点，财政性教育经费占财政支出的比重就会减少0.103个百分点；政策压力每增加一个百分点，财政性教育经费占财政支出的比重就会降低0.206个百分点；人均GDP每增加一个百分点，财政性教育经费占财政支出的比重就会减少0.026个百分点；财政自给度每增加一个百分点，财政性教育经费占财政支出的比重就会降低0.097个百分点；转移支付每增加一个百分点，财政性教育经费占财政支出的比重就会降低0.0539个百分点。城市化水平、人口数量对财政性教育经费占财政支出的比重具有显著的正效应，非农业人口占总人口的比例每增加一个百分点，财政性教育经费占财政支出的比重就会增加0.114个百分点；人口数量每提高一个百分点，财政性教育经费占财政支出的比重就会增加0.0824个百分点。财政支出分权对中部地区财政性教育经费投入比重没有显著影响。

表24的模型（3）在控制其他变量的情况下，着重考虑财政收入分权

对中部地区财政性教育经费投入的影响，从模型（3）可知，少儿抚养比、产业结构、财政自给度、转移支付对财政性教育经费占财政支出的比重有显著的负效应，少儿抚养比每增加一个百分点，财政性教育经费占财政支出的比重就会减少 0.102 个百分点；政策压力每增加一个百分点，财政性教育经费占财政支出的比重就会降低 0.197 个百分点；财政自给度每增加一个百分点，财政性教育经费占财政支出的比重就会降低 0.101 个百分点；转移支付每增加一个百分点，财政性教育经费占财政支出的比重就会降低 0.0498 个百分点。城市化水平、人口数量对财政性教育经费占财政支出的比重具有显著的正效应，非农业人口占总人口的比例每增加一个百分点，财政性教育经费占财政支出的比重就会增加 0.102 个百分点；人口数量每增加一个百分点，财政性教育经费占财政支出的比重就会增加 0.0729 个百分点。经济发展水平、财政收入分权对中部地区财政性教育经费投入比重没有显著影响。

表 24 的模型（4）在控制其他变量的情况下，考虑财政收入分权和财政支出分权对财政性教育经费投入的影响，从模型（4）可知，少儿抚养比、产业结构、财政自给度、转移支付、财政收入分权对财政性教育经费占财政支出的比重有显著的负效应，少儿抚养比每增加一个百分点，财政性教育经费占财政支出的比重就会减少 0.110 个百分点；政策压力每增加一个百分点，财政性教育经费占财政支出的比重就会降低 0.183 个百分点；财政自给度每增加一个百分点，财政性教育经费占财政支出的比重就会降低 0.215 个百分点；转移支付每增加一个百分点，财政性教育经费占财政支出的比重就会降低 0.0546 个百分点；财政收入分权每提高一个百分点，财政性教育经费占财政支出的比重就会降低 0.088 个百分点。城市化水平、人口数量对财政性教育经费占财政支出的比重有显著的正效应，非农业人口占总人口的比重每提高一个百分点，财政性教育经费占财政支出的比重就会增加 0.107 个百分点；人口数量每增加一个百分点，财政性教育经费占财政支出的比重就会增加 0.0783 个百分点。经济发展水平对中部地区财政性教育经费投入比重没有显著影响。

表 24 的模型（5）综合考虑了各个因素对财政性教育经费投入的影响。从模型（5）可知，少儿抚养比、产业结构、财政自给度、转移支付、财政收入分权、政策压力对财政性教育经费占财政支出的比重有显著的负效应，少儿抚养比每增加一个百分点，财政性教育经费占财政支出的比重就会减少 0.102 个百分点；政策压力每增加一个百分点，财政性教育经费占财政支

出的比重就会降低 0.145 个百分点；财政自给度每增加一个百分点，财政性教育经费占财政支出的比重就会降低 0.189 个百分点；转移支付每增加一个百分点，财政性教育经费占财政支出的比重就会降低 0.0246 个百分点；财政收入分权每提高一个百分点，财政性教育经费占财政支出的比重就会降低 0.096 个百分点；政策压力每增加一个百分点，财政性教育经费占财政支出的比重就会降低 1.565 个百分点。城市化水平、人口数量、财政支出分权对财政性教育经费占财政支出的比重具有显著的正效应，非农业人口占总人口的比重每提高一个百分点，财政性教育经费占财政支出的比重就会增加 0.102 个百分点；人口数量每增加一个百分点，财政性教育经费占财政支出的比重就会增加 0.0553 个百分点；财政支出分权每提高一个百分点，财政性教育经费占财政支出的比重就会增加 0.176 个百分点。经济发展水平对中部地区财政性教育经费投入比重没有显著影响。

（三）西部地区回归分析结果

表 25　西部地区财政性教育经费投入影响因素回归结果

项目	（1） FE	（2） FE	（3） FE	（4） FE	（5） FE
chidepratio	0.129 **	0.239 ***	0.145 **	0.264 ***	0.278 ***
	(0.062)	(0.070)	(0.062)	(0.071)	(0.071)
urbanlev	0.090 **	0.140 ***	0.125 ***	0.187 ***	0.196 ***
	(0.042)	(0.045)	(0.047)	(0.049)	(0.049)
indstru	− 0.107	− 0.186 ***	− 0.151 **	− 0.221 ***	− 0.206 ***
	(0.070)	(0.070)	(0.070)	(0.072)	(0.072)
lnpop	5.877 ***	3.870 ***	8.135 ***	6.052 ***	5.359 ***
	(1.154)	(1.309)	(1.571)	(1.651)	(1.705)
lnrjgdp	3.373 *	5.308 ***	3.187	4.635 **	4.195 **
	(1.984)	(1.942)	(1.953)	(1.947)	(1.960)
czzjd	− 0.091 *	0.055	− 0.115 **	0.041	0.067
	(0.048)	(0.067)	(0.048)	(0.067)	(0.069)
lngrant	− 3.408 **	− 1.213	− 5.378 ***	− 3.034 *	− 2.306
	(1.349)	(1.507)	(1.611)	(1.718)	(1.775)
policypre_lag	0.132				0.167 *
	(0.090)				(0.087)

续表

项目	(1)	(2)	(3)	(4)	(5)
	FE	FE	FE	FE	FE
fedrj		0. 171 ***		0. 177 ***	0. 193 ***
		(0. 054)		(0. 054)	(0. 054)
frdrj			− 0. 019 *	− 0. 021 **	− 0. 019 *
			(0. 010)	(0. 010)	(0. 010)
_cons	− 38. 567 **	− 57. 053 ***	− 44. 414 **	− 59. 869 ***	− 55. 971 ***
	(19. 154)	(18. 962)	(18. 760)	(18. 806)	(18. 898)
N	190	190	190	190	190
R^2	0. 655	0. 673	0. 660	0. 682	0. 686
r2_w	0. 655	0. 673	0. 660	0. 682	0. 686
r2_b	0. 080	0. 619	0. 746	0. 309	0. 395

注：*、**、***分别代表0.1、0.05、0.01的显著性水平，括号内为稳健性标准误。

表25列出了财政分权、政策压力、经济发展水平、人口规模与结构、城市化水平、产业结构等因素对西部地区财政性教育经费投入影响的回归分析结果，各个模型的被解释变量均为财政性教育经费占财政支出的比重，这一指标衡量了西部地区地方政府在教育上的投入。表25的模型（1）在控制其他变量的情况下，重点考察政策压力变量对财政性教育经费投入的影响，从模型（1）可以知道，在其他变量保持不变的情况下，财政自给度、转移支付对财政性教育投入存在显著的负面影响，财政自给度每增加一个百分点，财政性教育经费占财政支出的比重就会降低0.091个百分点，转移支付每增加一个百分点，财政性教育经费占财政支出的比重就会降低0.03408个百分点。少儿抚养比、城市化水平、人口数量、经济发展水平对财政性教育经费占财政支出的比重具有显著的正效应，少儿抚养比每提高一个百分点，财政性教育经费占财政支出的比重就会增加0.129个百分点；非农业人口占总人口的比重每提高一个百分点，财政性教育经费占财政支出的比重就会增加0.09个百分点；人口数量每提高一个百分点，财政性教育经费占财政支出的比重就会增加0.0587个百分点；人均GDP每增加一个百分点，财政性教育经费占财政支出的比重就会增加0.0337个百分点。政策压力、产业结构对西部地区财政性教育经费的投入比重没有显著影响。

表25的模型（2）在控制其他变量的情况下，着重考虑财政支出分权对财政性教育经费投入的影响，从模型（2）可知，产业结构对财政性教育

经费占财政支出的比重有显著的负效应，第一产业产值占地区生产总值的比重每增加一个百分点，财政性教育经费占财政支出的比重就会减少 0.186 个百分点。财政支出分权、少儿抚养比、城市化水平、人口数量、经济发展水平对财政性教育经费占财政支出的比重具有显著的正效应，财政支出分权度每提高一个百分点，财政性教育经费占财政支出的比重就会增加 0.171 个百分点，少儿抚养比每提高一个百分点，财政性教育经费占财政支出的比重就会增加 0.239 个百分点；非农业人口占总人口的比重每提高一个百分点，财政性教育经费占财政支出的比重就会增加 0.14 个百分点；人口数量每提高一个百分点，财政性教育经费占财政支出的比重就会增加 0.0387 个百分点；人均 GDP 每增加一个百分点，财政性教育经费占财政支出的比重就会增加 0.0531 个百分点。财政自给度、转移支付对西部地区财政性教育经费投入比重没有显著影响。

表 25 的模型（3）在控制其他变量的情况下，着重考虑财政收入分权对西部地区财政性教育经费投入的影响，从模型（3）可知，财政收入分权、产业结构、财政自给度、转移支付对财政性教育经费占财政支出的比重有显著的负效应，财政收入分权度每提高一个百分点，财政性教育经费占财政支出的比重就会减少 0.019 个百分点；第一产业产值占地区生产总值的比重每增加一个百分点，财政性教育经费占财政支出的比重就会减少 0.151 个百分点；财政自给度每增加一个百分点，财政性教育经费占财政支出的比重就会减少 0.115 个百分点；转移支付每增加一个百分点，财政性教育经费占财政支出的比重就会减少 0.0538 个百分点。少儿抚养比、城市化水平、人口数量对财政性教育经费占财政支出的比重具有显著的正效应，少儿抚养比每提高一个百分点，财政性教育经费占财政支出的比重就会增加 0.145 个百分点；非农业人口占总人口的比重每提高一个百分点，财政性教育经费占财政支出的比重就会增加 0.125 个百分点；人口数量每提高一个百分点，财政性教育经费占财政支出的比重就会增加 0.0814 个百分点。经济发展水平对西部地区财政性教育经费投入比重没有显著影响。

表 25 的模型（4）在控制其他变量的情况下，考虑财政收入分权和财政支出分权对西部地区财政性教育经费投入的影响，从模型（4）可知，产业结构、转移支付、财政收入分权对财政性教育经费占财政支出的比重有显著的负效应，第一产业产值占地区生产总值的比重每增加一个百分点，财政性教育经费占财政支出的比重就会减少 0.221 个百分点；转移支付每增加一个百分点，财政性教育经费占财政支出的比重就会减少 0.0303 个百分

点；财政收入分权每增加一个百分点，财政性教育经费占财政支出的比重就会减少 0.021 个百分点。少儿抚养比、城市化水平、人口数量、经济发展水平、财政支出分权对财政性教育经费占财政支出的比重有显著的正效应，少儿抚养比每提高一个百分点，财政性教育经费占财政支出的比重就会增加 0.264 个百分点；非农业人口占总人口的比重每提高一个百分点，财政性教育经费占财政支出的比重就会增加 0.187 个百分点；人口数量每提高一个百分点，财政性教育经费占财政支出的比重就会增加 0.0605 个百分点；人均 GDP 每提高一个百分点，财政性教育经费占财政支出的比重就会提高 0.0463 个百分点；财政支出分权度每提高一个百分点，财政性教育经费占财政支出的比重就会增加 0.177 个百分点。财政自给度对西部地区财政性教育经费投入比重没有显著影响。

表 25 的模型（5）综合考虑了各个因素对西部地区财政性教育经费投入的影响。从模型（5）可知，产业结构、财政收入分权对财政性教育投入存在显著的负面影响，第一产业产值占地区生产总值的比重每增加一个百分点，财政性教育经费占财政支出的比重就会降低 0.206 个百分点；财政收入分权度每提高一个百分点，财政性教育经费占财政支出的比重就会减少 0.019 个百分点。少儿抚养比、城市化水平、人口数量、经济发展水平、财政支出分权、政策压力对财政性教育经费占财政支出的比重有显著的正效应，少儿抚养比每提高一个百分点，财政性教育经费占财政支出的比重就会增加 0.278 个百分点；非农业人口占总人口的比重每提高一个百分点，财政性教育经费占财政支出的比重就会增加 0.196 个百分点；人口数量每提高一个百分点，财政性教育经费占财政支出的比重就会增加 0.0536 个百分点；人均 GDP 每提高一个百分点，财政性教育经费占财政支出的比重就会提高 0.0419 个百分点；财政支出分权度每提高一个百分点，财政性教育经费占财政支出的比重就会增加 0.193 个百分点；政策压力每提高一个百分点，财政性教育经费占财政支出的比重就会增加 0.167 个百分点。财政自给度、转移支付对西部地区财政性教育经费投入比重没有显著影响。

4.3.3　稳健性检验

稳健性检验是为了考察当改变某些研究参数时，实证研究结果是否保持稳定。如果变量的符号、显著性水平、系数随着参数设定的改变而发生重大变化，则表明所选取变量或者设定的模型并不稳定。如果变量的符号、显著性水平、系数不随着参数设定的变化而发生重大变化，则表明所选取的变量或模型的设定稳健。模型的稳健性检验，通常有三种主要方法：第一种方法是从计量方法出发，可以用 OLS、GMM 等多种方法回归，观察研究结果是否稳健；第二种方法是从数据出发，将数据根据不同标准进行分类，在不同分类情况下，看变量的符号、系数和显著性水平是否稳定；第三种方法是从变量出发，寻找关键解释变量的替代变量，看其系数的大小、符号及显著性水平。在实际情况中，通常根据研究情况灵活选择各种方法。本书主要从数据出发，调整数据后看各个模型得出的结果是否稳健。

由于直辖市的经济、社会、自然状况等与其他省、自治区相比差异较大，因此本章将删除北京、上海、天津、重庆四个直辖市的观测值后再次进行回归，如表 26 所示，在剔除了直辖市样本后，与表 21 的估计结果相比，模型中重要解释变量的符号、系数与显著性水平并未出现较大变化，这表明基本回归分析中模型的估计结果比较稳健。

表 26　剔除直辖市观测值后的回归

项目	(1)	(2)	(3)	(4)	(5)
	fe6	fe7	fe8	fe9	fe10
chidepratio	-0.057**	-0.002	-0.026	0.019	0.031
	(0.028)	(0.028)	(0.027)	(0.028)	(0.027)
urbanlev	-0.051***	-0.016	-0.078***	-0.044***	-0.043***
	(0.016)	(0.016)	(0.016)	(0.016)	(0.016)
indstru	0.025	-0.024	-0.023	-0.044*	-0.021
	(0.025)	(0.024)	(0.025)	(0.024)	(0.024)
indstru	4.685***	1.590**	0.911	-1.085	-1.171
	(0.546)	(0.675)	(0.764)	(0.805)	(0.783)
lnrjgdp	2.163***	2.519***	2.930***	3.346***	3.807***
	(0.768)	(0.747)	(0.762)	(0.738)	(0.722)
czzjd	-0.023	0.124***	0.019	0.142***	0.159***
	(0.023)	(0.031)	(0.023)	(0.030)	(0.029)
lngrant	-4.470***	-1.595**	-1.243	0.783	1.105
	(0.651)	(0.757)	(0.805)	(0.844)	(0.822)
policypre_lag	0.253***				0.317***
	(0.064)				(0.059)

续表

项目	（1）	（2）	（3）	（4）	（5）
	fe6	fe7	fe8	fe9	fe10
fedrj		0. 110 ***		0. 095 ***	0. 105 ***
		（0. 016）		（0. 016）	（0. 015）
frdrj			− 0. 037 ***	− 0. 031 ***	− 0. 032 ***
			（0. 006）	（0. 006）	（0. 005）
frdrj	− 7. 282	− 7. 149	− 1. 342	− 5. 685	− 12. 340 *
	（7. 920）	（7. 615）	（7. 621）	（7. 384）	（7. 281）
N	513	513	513	513	513
R^2	0. 521	0. 550	0. 545	0. 578	0. 602
r2_w	0. 521	0. 550	0. 545	0. 578	0. 602
r2_b	0. 803	0. 045	0. 338	0. 675	0. 669

注：＊、＊＊、＊＊＊分别代表0.1、0.05、0.01 的显著性水平，括号内为稳健性标准误。

4.4　研究结论与分析

本章主要研究财政性教育经费投入的影响因素，通过上述实证分析，可以得出以下研究结论：第一，在解释变量中，从全国来看，政策压力、财政支出分权对财政性教育经费投入具有显著的正面效应，财政收入分权对财政性教育经费投入影响显著为负；分地区来看，政策压力变量在不同地区影响不同。第二，在控制变量中，从全国来看，人口数量、经济发展水平对财政性教育经费投入有显著正效应，少儿抚养比、产业结构、财政自给度、转移支付对财政性教育经费投入没有显著影响，城市化水平对财政性教育经费投入有显著负效应；分地区来看，控制变量在不同地区影响不同。第三，不管是从全国，还是分地区来看，财政支出分权都有利于财政性教育经费投入的增加，财政收入分权都不利于财政支出分权的增加。

4.4.1　政策压力对财政性教育经费投入的影响

就全国而言，政策压力对财政性教育经费投入有显著的正面影响，这表明，在其他条件保持不变的情况下，目标值与实际值的差值每增加1%，财政性教育经费投入占财政支出的比重就会增加0.242%。分地区看，就东部地区而言，政策压力对财政性教育经费投入有正面影响，但是影响并不显著；就中部地区而言，在其他条件保持不变的情况下，政策压力对财政性教育经费投入有显著的负面影响，目标值与实际值的差值每增加1%，财政性教育经费投入占财政支出的比重就会下降1.565%；就西部地区而言，在其他条件保持不变的情况下，政策压力对财政性教育经费投入有显著的正面影响，目标值与实际值的差值每增加1%，财政性教育经费投入占财政支出的比重就会增加0.167%。

政策压力对东部地区没有显著影响可能是因为东部地区发展水平较高，政府对教育的投入一直比较积极，从东部地区投入的数据也可以发现很多东部省份财政性教育经费占GDP的比例较高，有的甚至超过4%，即使没有4%政策，其对教育的投入水平也比较高，所以，政策压力对东部地区教育经费的投入没有约束力。政策压力对西部地区有显著的正向影响，这表明4%政策对西部地区教育经费的投入有一定的约束力，当西部地区感受到政策压力时会增加对教育的投入。政策压力对中部地区教育经费投入的影响显著为负，可能的解释是当4%政策目标与中部地区财政性教育经费占GDP的比重之间的差值越大，地方政府感觉到的压力越大，实现目标的可能性越小时，地方政府就越没有动力去增加财政性教育经费的投入。这一解释也符合Locke提出的目标设定理论，该理论认为目标能引导活动指向及与目标有关的行为，使人们根据难度的大小来调整努力的程度，目标必须明确，目标难度必须适中，目标模糊、目标太难会使人对完成目标失去信心而放弃努力。

对东中西部地区而言，虽然政策压力对财政性教育经费投入的影响不同，但是从各个回归模型可以知道，政策压力对全国和西部地区的影响程度相差不大，其回归系数均在0.2左右，相较东西部地区，政策压力对中部地区的影响最大，其系数达到1.565。对此现象可能的解释是，受自然地理环境等条件的限制，我国各地区在经济发展水平、产业结构、人口结构等方面差异较大，中部地区以农业大省为主，经济发展水平总体上不如东部地区，在发展速度上不及西部地区，中部地区既没有资源禀赋的优势，又没有西部地区国家政策扶持的优势，故中部地区的财政性教育经费的投入量远不如东部地区和西部地区，从投入的数据也可以验证这点，与东部和西部地区相比，4%政策目标值与中部地区财政性教育经费投入占GDP的实际值之间的差值较大，中部地区感受到的政策压力最大，所以政策压力对中部地区的影响最大。

4.4.2　财政分权对财政性教育经费投入的影响

无论是全国范围内还是东中西部地区，在所有模型中财政收入分权对财政性教育经费投入始终具有显著的负面影响，这表明，在保持其他条件不变的情况下，财政收入分权不利于提高财政性教育经费投入。财政分权度在一定程度上反映中央政府与地方政府之间在财政收支权力上的分配关系，财政收入分权度越高表明中央政府下放给地方政府的财政收支权力越大，这部分资金政府可以自由使用，受我国经济上分权、政治上集权体制的影响，地方政府官员更愿意将财政资金投入能够体现政绩、见效快的基础设施建设等方面（2007，周黎安；傅勇、张晏，2007）。

无论是全国范围内还是东中西部地区，在所有模型中财政支出分权对财政性教育经费投入始终具有显著的正面影响。财政支出分权度高表明中央政府给予地方政府更大的支出权利，地方政府的财政支出一般要高于财政收入，地方财政收支差额很大部分来自中央政府对地方政府的转移支付。通过转移支付而获取的资金在使用上通常有一定的限制，通常情况下中央政府都要求地方政府将转移支付资金更多地用于公共产品上，而教育就是这类公共产品。因此，较高的财政支出分权度意味着地方政府从中央政府获得较多具有定向用途的转移支付资金，支出分权度越高则地方政府越有动力提高教育经费的投入。

4.4.3　控制变量对财政性教育经费投入的影响

产业结构对东部地区财政性教育经费投入没有显著影响，对中部、西部地区有显著的负面影响。这表明，在保持其他条件不变的情况下，第一产业产值占地区生产总值比重高的地区，财政性教育经费的投入较低，第一产业产值占地区生产总值比重越高，越不利于财政性教育经费的投入。我国地区发展差异较大，总体来说，与东部地区相比，中部、西部地区第一产业产值占地区生产总值的比重较高，在我国第一产业主要是农业，农业占主导地区，发展相对比较落后，对教育的投入也有限，故产业结构对中西部地区的影响为负。

经济发展水平对全国、东部、西部地区财政性教育经费投入的影响显著为正，对中部地区财政性教育经费投入没有显著影响。通常，一国或者地区的经济发展水平越高，政府财政能力越强，对教育的投入也会越来多，近年来随着经济的发展，各地区经济 GDP 逐年提高，各地区政府财政能力也日益提高，对教育的投入也得到提高。

少儿抚养比对中部和东部地区财政性教育经费投入具有显著的负面影响，对西部地区财政性教育经费投入具有显著的正面影响，对全国来说，没有显著影响。在 0 ~ 14 岁人口中，7 ~ 14 岁年龄段的人口属于义务教育阶段的适龄人口，义务教育的投入责任由政府承担，故 0 ~ 14 岁的人口占 15 ~ 65 岁人口的比重越高，政府需要投入的义务教育阶段经费也越高，财政性教育经费的投入也越多。在我国，与东部、中部地区相比，西部地区的少儿抚养比相对较高，需要的教育经费投入也就越多。

转移支付对中部地区的影响显著为负，对全国和东、西部地区没有显著影响。中部地区转移支付与财政性教育经费的投入之间存在着显著的负相关，这表明转移支付减少了中部地区地方政府对教育的投入。这与中央政府转移支付的初衷不一致，出现此种情况的原因可能是中部地区地方政府获得的转移支付挤占了对教育的投入。这与 Bradford 和 Oates 的研究发现相一致，他们的研究发现，当中央政府对地方政府进行转移支付后，地方政府的财政支出却降低了，即转移支付的"挤出效应"（Bradford、Oates，1971）。

城市化水平对财政性教育经费的投入存在不同的影响。就全国而言，城市化水平对财政性教育经费的投入有显著的负面影响，对东部地区也存在显著的负面影响，城市化水平对中西部地区教育经费的投入存在显著的正相关。这表明城市化水平对教育经费投入的影响不稳定，可能与本文使用的城市化水平指标有关。本书使用非农业人口占总人口的比重来衡量城市化水平，由于在农村也有很多非农业人口，使用非农业人口并不能准确反映各个地区的城市化水平，所以更准确的指标应该是城镇人口占总人口的比重。

4.5　本章小结

本章主要基于财政分权理论，利用 1997—2015 年全国 31 个省（自治区、直辖市）的面板数据，建立计量模型，分析财政性教育经费投入的影响因素。本章不同于以往研究的地方在于，除了考虑财政分权、经济发展水平、城市化水平、产业结构等控制变量的影响外，还通过设置政策压力变量重点考察 4% 政策对教育经费投入的影响。

　　通过面板数据的回归分析发现，对解释变量来说，在所有财政性教育经费投入的影响因素中，政策压力对教育经费投入的影响最大，在所有模型中政策压力对中部地区财政性教育经费投入的影响最大，这表明当政策压力越大时，中部地区的地方政府越没有动力去增加对教育经费的投入；在所有模型中财政收入分权对财政性教育经费投入始终具有显著的负面影响，这表明财政收入分权不利于教育经费的投入；在所有模型中，财政支出分权对财政性教育经费投入始终具有显著的正面影响，而且财政收入分权对西部地区的正面影响最大。对控制变量来说，控制变量对财政性教育经费投入的影响在不同地区存在不同的影响。

第 5 章

我国财政性教育经费投入的 4% 政策分析

自 1993 年提出教育经费投入的 4% 目标以来，国务院、教育部、财政部等部门颁布的多项政策、决定、意见中都强调要逐步使财政性教育经费占 GDP 比例达到 4%，可见政府高度重视教育经费投入问题，也表明了政府对教育经费投入的庄重承诺和决心，但是，为什么国家财政性教育经费占 GDP 的比例一直在低位徘徊，政府的承诺屡次落空，财政性教育经费投入的 4% 目标整整迟到了 12 年才得以实现，本章将从政策制定和政策执行的视角对其原因进行分析。

5.1　4% 政策的制定过程

5.1.1　4% 政策制定背景

任何政策的制定，都离不开其特定的时代背景及当时的客观环境，财政性教育经费投入的 4% 政策，也与 20 世纪 80 年代我国特殊的时代背景息息相关。首先，教育经费投入长期偏低，难以满足教育事业发展需要。20 世纪 80 年代初期，我国教育事业百废待兴，各地区尤其是农村地区急需国家加强对教育的投入。1983 年，全国"两会"召开前，教育经费的短缺也成为两会代表委员及社会各界高度重视的热点问题及讨论的主题。其次，国家高度重视教育事业的发展。随着改革开放和各领域的拨乱反正，国家重新树立了尊重教育、尊重知识、尊重人才的理念，1982 年党的十二大提出把教育作为经济发展的战略重点之一；1983 年，邓小平同志提出教育要面向现代化、面向世界、面向未来的"三个面向"的发展教育事业的指导方针；1987 年党的十三大提出把发展教育事业放在突出的战略位置。总之，国家重视教育，就离不开对教育经费的投入，教育经费不足不仅会影响教育发展水平和教育质量，而且会影响我国教育事业在国际上的竞争力。在教育经费短缺这一既定事实、国家重视教育事业发展的契机下，加强对教育经费的投入，对教育经费投入多少开始成为亟待解决的问题。

5.1.2　4% 政策形成过程

一项政策制定过程不是简单、孤立的事件，它不仅受经济、政治、文化等诸多环境因素的影响，还受政府内外部利益相关者的制约。政策科学界的学者对政策制定过程有广义和狭义两种不同的界定，广义的政策制定过程指的是包括政策问题、政策议题、政策决策、政策执行和政策评估等多个阶段的整个政策过程；而狭义的含义则专门指的是政策形成或者政策规划，狭义的政策制定过程含义与政策执行以及政策评估完全不同，它包括政策议程设定、政策方案规划及政策合法化（彭志，2005；黄忠敬，2007）。本书中我们借鉴政策制定过程的狭义概念，具体指的是 4% 政策制定中，共经历了几个过程以及在此过程中各个主体之间是怎样相互作用的问题。

对政策制定过程的分析，通常需要借助于理论模型，政策制定的理论模型有多源流理论分析、系统理论、博弈理论、理性决策分析、有限理性分析等。不同的理论分析模型适用于不同的政策类型以及研究者研究视角的差异。安德森在 1990 年提出，公共政策的形成一般包括三个方面：第一是公共政策是如何引起决策者的注意；第二是如何形成解决问题的政策建议；第三是如何去选择各种政策方案（詹姆斯·E. 安德森，1990）。依据上述三个方面，本书将政策的形成过程分为以下四个阶段，即确定政策问题、议程设置、政策形成以及政策合法化。

（一）确定政策问题

问题是政策产生的起点，确认问题比解决问题更重要，没有政策问题，政策也就没有存在的必要。佛朗西斯·C. 福勒认为："界定政策问题是政策过程的一个阶段，人们将某一社会问题转换成一种能够处理的政策问题。这一阶段没有特定规则和程序，主要通过口头或书面的方式传递和转换。在此阶段，应该让政策问题引起重视，使其与富有感染力的标志相连，以赢得社会公众的广泛支持。"如果政策问题没有较好地被界定，就难以作为重要问题，也不会受到广泛关注并进入政策议程，更不会成为正式的政策内容（佛朗西斯·C. 福勒，2007）。托马斯·R. 戴伊指出："政策制定过程始于决定什么事情需要做出决策，确定或者界定政策问题是自上而下政策制定过程的最重要阶段，也是第一个阶段。不被界定为问题的社会状况永远不会成为政策问题，确定政策问题甚至比解决问题更重要"（托马斯·R. 戴伊，2002）。有效阐明问题就等于解决了一半的问题，相对于寻求问题的解决，政策学家更重视对问题的确定与分析，他们宁愿将三分之二的时间与精力花在确定问题、分析问题上，一旦找到问题症结，政策方案也容易出现，所以，政策分析也可以称为"问题分析学"（丘昌泰，1997）。袁振国教授指出，政策问题转化为政策议题受以下几个因素影响：一是教育问题影响范围的大小及时间的长短，即是全国性的还是地区性问题，是持久性还是偶发性问题；二是问题的清晰程度，即该教育问题由什么而起，原因是什么；三是教育问题的严重程度，即对问题严重程度的看法是相对的，不同的人受其知识水平、价值观念等方面的影响对同一问题严重性的看法也是不同的，对问题严重程度的正确判断，直接关系到对问题的重视度和政策的及时性；四是解决问题所付出代价的大小，即以何种方式解决问题，解决的程度等；五是需要考虑所付出的代价，即解决问题付出的回报是否大于成本；六是政策能否进行评估，即政策是否具有明确的目标以及达成目标的评估指标（袁振国，2003）。

改革开放初期，我国教育经费严重短缺，邓小平同志在 1980 年 1 月 16 日《目前的形势和任务》的讲话中指出："经济发展和教育与科学文化之间发展的比例失调，教科文卫的费用太少，不成比例。甚至印度、埃及，在教育方面的投入，也比我国多。总之，我国必须要大力增加教科文卫的费用，今后无论如何要逐年加重对教育的投入。"1983 年，全国"两会"召开前夕，教育经费的短缺也成为"两会"代表委员及社会各界高度重视的热点问题及讨论的主题。在我国政治上高度集权的管理体制下，由于国家高层领导人和社会各界的重视，作为全国性的、影响力大的教育经费短缺问题开始引起高度的关注，教育经费短缺问题被确立为教育政策问题。

（二）政策议程设置

在确定政策问题后，如果希望政策问题得到解决、政策问题真正成为政策内容，那么就必须使政策问题进入议程设置这一过程。但是进入议程设置的过程并不是自动发生、轻而易举的，只有少数政策问题能够引起决策者重视并进入政府的议事日程。约翰·W. 金登把议程理解为在既定的时间内，对政府官员及与政府官员有密切关系的政府外人员所共同关注的问题进行编目，这也决定了政府将会对哪些问题或事项做出处理及决定（约翰·W. 金登，2004）。杰伊·沙夫里茨认为："议程设置是指通过各种政治通道而产生的想法或议题被提交给某一政治机构审议的过程，其目的是将一个社会问题转变为可操作的政策议案"（杰伊·沙夫里茨，卡伦·莱恩；2008）。议程是政治或政策机构的行动计划，它提供了一些需要考虑的事情，议程一般包括要求政府各部门或各级政府做出反应的事项，这种反应是要求、强制或者选择的结果（E. R. 克鲁斯克，B. M. 杰克逊；1992）。胡伟提出议程分为公众议程和正式议程，前者主要是自下而上的过程，而后者为自上而下的过程。具体来看，公众议程是基于利益上的需求或者是一些社会问题而引发的，并且得到公众普遍关注与讨论的进而建立政策议程的过程；而正式议程是基于政府决策者的关心或关注，从而使一些特定事项进入政策议程的过程（胡伟，1998）。张金马认为："政策议程就是将政策问题纳入政治或政策机构的行动计划的过程，它提供了一个政策问题进入政策过程的渠道和一些需要给予考虑的事项。它包括要求各级政府和政府各部门采取措施并做出反应的各种事项"（张金马，1992）。

罗杰·科布等指出："议题的发起有三种方式，第一种方式是由相互竞争的一个或多个派系发起，该派系自认为在地位或资源的分配中受到不公正对待；第二种方式为某一个体或团体为了自己的利益而发起议题；第三种方式为经由某种意外事件而发起。"但是由于中外政治体制存在较大差异，我国政策议程的建立与国外有明显不同。胡伟认为，在我国公众议程的建立比较困难，正式议程是我国占主导地位的议程。在我国促使和导致政策议程建立的因素主要包括政治领袖和权力精英的倡议、突发事件或危机事件、广泛的民意、大众传播媒介等，其中政治领袖的倡议是最重要的因素，我国的许多重大决策，特别是关系到全局的、长远的、根本性的决策，一般是由我党的领袖做出，其中权力精英也起到了不同程度的作用（胡伟，1998）。

发展教育无论是对内还是对外都有极其重要的意义，对内而言，教育是民族振兴，社会进步的基石，对外而言，教育是国家在国际竞争中保持竞争力的保障。教育事业的发展离不开国家对教育的投入，制定4%政策的目的是解决教育经费短缺问题，也是落实党的十三大提出把发展教育事业放在突出的战略位置的重大举措。邓小平同志多次强调要尊重知识、尊重人才，强调教育对国民经济发展的重要作用，也提出要大力增加教科文卫的费用，无论如何都要逐年加重对教育的投入。由此可见，4%政策的制定过程中，政治领袖起到非常重要的作用，在政策议程设置中，政治领袖指出的政策问题几乎可以自动地被提上政府的议事日程，教育经费短缺问题能够进入政府议事日程，客观上来说，与邓小平同志的讲话密不可分。

胡伟认为政策议程的设置有内在模式、外在模式、动员模式三种不同模式。内在模式主要由政治领袖或权力精英在决策层内部引发的政策议程，社会公众基本不参与，决策者不希望诉诸公众议程而直接建立正式议程；外在模式是由决策层以外的因素引起决定作用，一般先建立公众议程，再进入正式议程；动员模式由权力精英特别是政治领袖进行问题创始，但为了获得更多力量的支持，而利用媒体和舆论宣传来促成政策议程的建立（胡伟，1998）。

王绍光根据政策议程提出者身份和民众参与度划分出六种议程设置模式，如表27所示。

表27　政策议程设置的模式

民众参与度	决策者	智囊团	民意
低	关门模式	内参模式	上书模式
高	动员模式	借力模式	外压模式

不同的政策议程设置模式有着不同的特征。关门模式最为传统，并且在此模式中，没有公众议程的位置。关门模式中，决策者即议程提出者，他们认为在议事日程的确定时，没有必要去刻意取得大众的支持。动员模式与关门模式有着共同之处，即决策者也是议程提出者，其与关门模式不同的是，在一项议程确定后，该决策者会努力争取民众对于该议程的支持。内参模式与上述两项议程设置模式都不同，在内参模式中，议程提出的主体是接近权力核心的智囊团。在此模式中，决策者不会去努力争取民众的支持，只与智囊团存在着积极互动。借力模式与内参模式相似，议程由智囊团提出，但他们会去争取民众的支持，进而借助舆论以扫除其执行障碍。上书模式中，除了向决策者提出建言的不是智囊团外，其他运作模式同内参模式相似。外压模式中，政府架构以外的因素作用于决策者，进而成为议程变动的动力。同时，在此模式中，议程提出者通常采取除了传统的摆事实、讲道理的方式外，还会诉诸舆论及民意来向决策者施加压力（王绍光，2006；刘虹，2017）。在4%政策的制定过程中，是由政治领袖提出国家必须增加教育经费的投入，属于议程设置的关门模式（也称内在模式）。总之，在4%政策的制定过程中，政治领袖对其进入政府议程起着至关重要的作用。

（三）政策规划与形成

政策规划一般是指针对某个政策问题，设计出一系列可行的方案或计划，最终制定出政策的过程。政策规划在政策制定过程中居于核心地位，只有进行科学合理的政策规划，确立可行的方案，政策制定过程才能顺利进行。进入政策议程并不一定会制定政策，从政策议程到政策出台还有很长的路要走，只有进入政策规划过程，才有可能形成政策，解决问题。

20 世纪 80 年代，邓小平同志提出教育经费短缺问题的情况后，教育经费短缺问题进入政府的议事日程并且进入政策规划阶段，全国教育科学"六五"规划中，教育经费在国民收入中的比例和教育投资经济效益的衡量成为国家重点研究项目，由北京大学厉以宁教授、陈良焜教授、北京师范大学王善迈教授等组成的研究团队对此项目开展研究。该研究最重要的内容就是确定政府对教育经费投入的合理比例。项目研究组通过使用不同的方法和样本数据对其进行了分析。首先利用供给需求法来预测教育经费投入的合理比例，供给需求法主要是通过用教育发展目标中各级各类教育入学率和学生人数乘以生均教育经费来计算教育需求，通过经济与财政收入增长目标、财政支出结构来计算教育供给，虽然使用此种方法预测教育经费投入相对客观，但是对教育需求和供给进行预测需要大量数据，各级各类学生的培养成本、目标等缺乏相关数据，无法进行测算。此后，研究者考虑使用国际比较法，以便找出教育经费投入的规律，研究者使用两组不同的样本建立回归模型，寻求同等经济发展水平（人均 GDP）条件下，公共教育经费占 GDP 的合理比例。

首先，研究者搜集了人口千万以上 38 个市场经济国家 1961—1979 年的 GDP 和公共教育经费投入数据，建立了一个回归模型用于预测教育经费投入比例，只要有明确的经济发展水平数据，就可以利用模型预测出与经济发展水平相对应的教育经费投入的合理比例。根据当时邓小平同志提出的到 20 世纪末，我国社会的小康社会标准为人均 GDP 达到 800～1000 美元，故分别将 800 美元、900 美元、1000 美元代入模型中时，其结果分别是 4.06%、4.16%、4.24%；其次，研究者利用苏联东欧社会主义国家 1960—1980 年的 GDP 和公共教育经费数据，使用同样的回归模型，将 1000 美元代入模型中时，其结果是 3.79%；利用这两组不同的样本数据得出的结论相差不太大，都在 4% 左右。至此，公共教育经费占 GDP 的 4% 作为与 20 世纪末经济发展水平相适应的公共教育投入目标在研究层面获得共识。1986 年，项目研究组将相关研究成果汇集，出版在《教育经济学研究》一书中，其中有一项研究结论，就是当我国人均国民生产总值达到 300 美元、400 美元、500 美元、600 美元、700 美元、800 美元、900 美元、1000 美元时，对应的公共教育经费占国民生产总值的比例分别为 3.29%、3.52%、3.69%、3.84%、3.96%、4.06%、4.16%、4.24%。1986 年项目研究组将几十万字的研究成果写成一份 1000 字左右的报告，递交中央，经过反复的研究讨论和多部门的协调，中央最终决定国家财政性教育经费占国内生产总值比例在 20 世纪末达到 4%，并在 1993 年的《中国教育改革和发展规划纲要》中首次写入该目标，从 1986 年研究组第一次向中央领导汇报研究成果开始到 1993 年 4% 政策出台，历经了七年时间。

(四) 政策合法化

张金马指出："政策合法化是指经过政策规划得到的政策方案上升为法律或获得合法地位的过程。它由国家有关的政权机关依据法定权限和程序所实施的一系列立法活动与审查活动所构成。合法化使政策获得法律保护，具有强制力，为政策的执行提供条件"（张金马，1992）。不同的领导体制、政策方案和合法化主体常常会存在不同的合法化程序。它一般涉及行政机关的政策合法化过程、立法机关的政策合法化过程两个过程。胡伟认为，当代中国的政策合法化形式众多，就简单形式而言，有时政治领袖的"指示"就是合法化途径，更为正式和规范的合法化形式，通常需要经过共产党、人大、政府的会议等批准和颁布。全国人大及其常委会是我国最具权威性的政策合法化机构，此外，全国代表大会、中央全会、政治局会议等也是政策合法化的途径（胡伟，1998）。所有通过法律形式体现的教育政策，都必须经过立法机构法律程序的审批，立法机构审批通过的教育政策，便完成了合法化过程，例如《中华人民共和国教育法》《中华人民共和国民办教育促进法》等。按照人大立法程序，通常需要经过提案、预备会议列入议程、审议、通过等程序。在我国，大部分教育政策并不以法律形式体现，通过国务院、教育部及地方政府和教育行政部门审议通过即可（黄忠敬，2007）。实现财政性教育经费投入的 4% 政策是在 1993 年颁布的《中国教育改革和发展纲要》中首次提出，《纲要》是我国 20 世纪 90 年代至 21 世纪初指导教育工作的纲领性文件，是国家高层对教育发展的重大决策，虽然并没有以法律的形式体现，但是由中共中央、国务院颁布，充分体现了其在国家政治格局中的重要作用，具备合法性。

5.1.3　对 4% 政策制定过程的思考

由上述分析可知，4% 政策的制定过程包括问题的确定、设立议事日程、政策规划与形成、政策合法化这四个阶段，符合政策制定过程的一般规律。通过对 4% 政策制定过程的分析，可以发现，4% 政策制定过程具有以下特征：第一，4% 政策的制定过程具有较强的实践性。制定 4% 政策的目的在于解决我国教育事业发展过程中教育经费严重短缺问题，整个制定过程都与解决此问题相联系。第二，4% 政策的制定过程具有高度的科学性。关于如何确定教育经费投入的合理比例，以北京大学、北京师范大学等高校为代表的学者组成研究团队，对此问题展开研究和论证，他们收集大量研究资料，使用多种研究方法，建立模型，对资料进行统计分析并反复论证，得出可靠的研究结果。第三，4% 政策制定过程是一个自上而下的过程。虽然政策的制定过程主要包括自上而下的过程模式、自下而上的过程模式及综合模式，但是 4% 政策的制定符合自上而下过程特征，在其制定过程中国家领导人、学术精英发挥着主导作用。

虽然 4% 政策的制定过程实践性较强，有高度的科学性，但是也不可避免地存在一些问题。首先，4% 政策的合法性有待进一步加强。虽然 4% 政策是国家以量化形式出台的关于教育经费投入的政策，它使我国教育经费的拨款在数量上有了政策依据，是我国教育财政史上具有重大意义的政策，但是 4% 政策的出台并没有通过国家最高权力机构——全国人大及其常委会的审议，并没有上升到法律层面，对其合法性来讲还存在不足之处，在一定程度上不利于 4% 政策的监督和执行，从而影响国家政策法规的权威性，甚至可能引发社会公众对政府公信力和执行能力的质疑。其次，4% 政策目标缺乏可操作性的做法。虽然 4% 政策是中央制定的重大的、宏观的教育经费投入政策，其国家教育经费投入的总量指标——财政性教育经费占国内生产总值的 4%，简单明确、便于考核，但是这个总量目标具体到各个省市县并没有可操作性的说明。

5.2　4% 政策的执行过程

公共政策的本质就是对社会公共利益所作出的权威性分配，公共政策颁布之后就进入政策执行阶段。政策执行是实现政策目标的根本途径，政策执行也决定了政策问题能否被解决、政策目标能否实现以及解决和实现的程度。传统的观念认为能否实现政策目标与政策内容是否科学，制定程序是否合法密切相关，而政策执行环节却被研究者忽略，但是国内外政策实践的经验教训表明，政策目标能否实现，政策能否发挥其应有的作用，除了受政策制定本身的影响外，还受政策执行的影响，甚至，在某种程度上，政策的执行比政策制定更重要，正如美国学者艾利森所说："在实现政策目标过程中，确定方案只占 10%，而 90% 取决于政策的有效执行。"这一说法可能夸大了政策过程中政策执行所起的作用，却也能在一定程度上反映出政策执行对实现政策目标的重要作用。

任何一项公共政策都有为实现某种价值追求而设定的目标，但是在实践过程中实际值通常低于目标值，这种现象可以称为"政策执行不力"，这种现象有三种具体表现形式：第一，实际值远远低于目标值，即政策目标未实现，政策没有发挥应有功能；第二，政策目标实现，但是时间成本过高，目标实现的时间超出政策决策者给定的时间范围，这意味着政策没有在应发挥作用时发挥作用；第三，政策目标实现，但是实现目标的代价远远超过决策者的期望，及投入产出比过低，资源浪费现象严重。政策执行中存在的问题，不仅影响到政策的有效性，而且挑战了政策决策者的权威性及合法性。

5.2.1　4%目标的实现历程

自 1993 年《中国教育改革和发展规划纲要》中提出到 2000 年实现 4% 目标以来，教育部、国务院等部门颁布了一系列重要政策法规，如表 28 所示，这些政策法规的共同之处在于都强调要逐步提高财政性教育经费占 GDP 的比例，实现 4% 目标，可见国家对提高教育经费的重视。但是根据 4% 目标实施情况看，这一目标并没有如期实现，而是整整迟到了 12 年。

表 28　1993 年以来关于 4% 目标的政策法规及重要文件

时间	部门	政策法规或文件名称	主要内容
1993 年 2 月 13 日	中共中央、国务院	《中国教育改革和发展规划纲要》	逐步提高国家财政性教育经费投入占国民生产总值的比例，20 世纪末达到 4%
1998 年 12 月 24 日	教育部	《面向 21 世纪教育振兴行动计划》	要保证做到教育经费的"三个增长"，逐步提高国家财政性教育经费占国民生产总值的比例，努力实现 4% 目标

时间	部门	政策法规或文件名称	主要内容
1999 年 6 月 13 日	中共中央、国务院	《关于深化教育改革，全面推进素质教育的决定》	逐步实现国家财政性教育经费支出占国民生产总值 4% 目标
2006 年 10 月 11 日	中共中央	《中共中央关于构建社会主义和谐社会若干重大问题的决定》	保证财政性教育经费增长幅度明显高于财政经常性收入增长幅度，逐步使财政性教育经费占 GDP 的比例达到 4%
2007 年 5 月 31 日	教育部	《国家教育事业发展"十二五"规划纲要》	各级政府要依法落实教育经费的"三个增长"，逐步使财政性教育经费占国内生产总值的比例达到 4%
2010 年 7 月 29 日	教育部	《国家中长期教育改革和发展规划纲要（2010—2020 年)》	提高国家财政性教育经费支出占国内生产总值比例，2012 年达到 4%
2011 年 6 月 29 日	国务院	《国务院关于进一步加大财政教育投入的意见》	为实现 2012 年的 4% 目标，要拓宽经费来源渠道，多方筹集财政性教育经费，加强监督检查
2011 年 7 月 21 日	财政部、教育部	《关于从土地出让收益中计提教育资金有关事项的通知》	为实现 2012 年的 4% 目标，从土地出让收益中计提的教育资金，作为各地区计算财政性教育经费来源之一
2012 年 3 月 5 日	国务院	《国务院政府工作报告》	中央财政已按国家财政性教育经费占国内生产总值的 4% 编制预算，地方财政也要相应安排，确保实现这一目标

注：资料主要来源于教育部、国务院、财政部网站，通过网站资料整理而来。

4% 目标从 1993 年提出到 2012 年的实现历时二十年，过程也极其艰难，可以分为以下三个阶段：第一阶段，目标的执行阶段。此阶段处于 1993—2000 年，在此期间，财政性教育经费占 GDP 的比例均低于 3%，比例最高的 2000 年也仅仅为 2.56%，远远低于 4%，财政性教育经费占 GDP 的比例从 1993 年的 2.43% 提高到 2000 年的 2.56%，只提高了 0.13 个百分点，甚至在 1995 年和 1997 年出现负增长。第二阶段，目标的延期阶段。此阶段处于 2001—2011 年，在此期间，财政性教育经费占 GDP 的比例从 2001 年的 2.76% 提高到 2011 年的 3.8%，提高了 1.04 个百分点，虽然增长幅度较大，但是在 2007 年以前增长缓慢，且 2003 年、2004 年出现负增长，2008 年其比例才开始超过 3%。第三阶段，目标的实现阶段。2012 年财政性教育经费投入占 GDP 的比例为 4.28%，终于实现了已迟到 12 年的 4% 目标。

只有财政性教育经费投入逐年增长，4% 目标才能最终实现，从 1993—2012 年财政性教育经费占 GDP 比例的数据来看，财政性教育经费占 GDP 的比例并不是逐年增加，而是出现了时多时少的大幅度波动，这说明财政性教育经费占 GDP 的比例增长并不稳定，"突增""突降"现象比较显著。从数据可以知道，财政性教育经费占 GDP 的比例在关键年份"突增""突降"现象非常明显，关键年份主要是 1993 年、2000 年、2012 年以及其前后 2 年。在 1993 年，财政性教育经费占 GDP 比例为 2.43%，与 1992 年相比，增加了 0.35%，但是在之后的 1994 年、1995 年其比例连续两年下降，接下来的年份增幅在 0.03% 左右，直到 1999 年，国家规定的实现 4% 目标的前一年，增幅才达到 0.14%。2001 年财政性教育经费占 GDP 的比例增幅为 0.2%，2002 年增幅为 0.11%，在此之后的年份，又出现负增长或者缓慢增长。2011 年、2012 年财政性教育经费占 GDP 比例的增幅分别为 0.32%、0.48%，2012 年之后，增幅又连续两年下降。财政性教育经费占 GDP 比例的增幅超过 0.3% 的年份有 3 个，分别是 2012 年的 0.48%、1993 年的 0.35%、2011 年的 0.32%。1993 年是 4% 目标提出的年份，2000 年、2012 年是国家承诺实现 4% 目标的年份，这说明在这几个年份存在"凑"教育经费的现象。就政府部门而言，在 4% 政策刚刚出台的 1993 年，国家和社会公众对政策的关注度很高，中共和地方政府部门热情高涨，能够积极地配合 4% 政策的执行，财政性教育经费的投入增长较快，但随着时间的推移，4% 政策开始逐渐失去较高的关注度，政府便不再积极地去执行 4% 政策，财政性教育经费的投入出现增长缓慢甚至下降的现象；当时间临近政府承诺实现 4% 目标的年份时，政府又开始特别强调要加大财政性教育经费的投入力度，财政性教育经费投入又开始大量增加，但是 1~2 年之后，4% 政策的约束力逐渐下降，财政性教育经费又开始减少，财政性教育经费占 GDP 的比例增幅开始降低。

通过对 4% 目标实现过程的分析可以发现，各级政府执行 4% 政策的积极性和主动性不够高，不折不扣地执行 4% 政策的动力也不足，4% 目标能够实现除了 4% 政策对财政性教育经费投入的有限约束力外，还在于 2011 年和 2012 年这两年政府行政命令压力下，教育经费的"突增"。特别是 2011 年国务院颁布了《关于进一步加大财政教育投入的意见》，《意见》中指出要从多方面筹措教育经费，拓宽教育经费的来源渠道，尤其是按百分之十的比例从土地出让收益中计提教育资金，作为各地区财政性教育经费的一种来源；2012 年教育部、国家发改委、财政部三部委联合成立"4% 办公室"，此办公室的使命在于推动实现 4% 目标。由此可见，政府行政命令下的压力在实现 4% 目标过程中也起了一定作用。

5.2.2 政策执行途径

20 世纪 70 年代以前，政策执行问题并未受到重视，当时政策科学研究的重点在于政策制定和规划，到了 20 世纪七八十年代西方特别是美国兴起了一场声势颇大的执行运动，在此期间，政策科学家通过利用大量案例研究及理论分析，探讨政策执行失败的原因或者政策成功执行的经验，并试图构建不同的理论模型来解释，最终，归纳出了政策执行的三种主要途径（寇浩宁，2014）。

（一）自上而下途径

自上而下途径形成于 20 世纪 70 年代初期，以保罗·萨巴蒂尔、丹尼尔·马兹曼尼恩、杰佛里·普雷斯曼，艾伦·怀尔德夫斯基等为代表人物。它侧重于个案研究，受古典行政模式的影响，又称为"理性模式。"

自上而下的研究途径指研究者把政策目标作为出发点，关注政策目标的实现程度、遵循政策与执行的二分原则，强调中央政府在政策执行中的作用，将政策执行看成是自上而下，被具体化为各种指示，再由下层执行者付诸行动的过程。这种研究途径假定，政策是由上层规划或制定，上层能够理性地制定政策，清晰地陈述政策及其目标，存在完美的政策执行模式。自上而下研究途径把研究问题集中在政策为什么失败和如何有效执行政策上。对于政策为什么会失败的研究，主要通过案例研究来分析，以普雷斯曼和维尔达夫斯基的《执行：华盛顿殷切希望是如何在奥克兰落空》一书为代表；对如何有效执行政策的研究，以构建适用于各种政策情况的政策执行模式展开（寇浩宁，2014）。史密斯 1973 年的过程模型和萨巴蒂尔、马兹曼尼恩 1979 年提出的环境影响模型是自上而下研究途径的典型代表（史密斯，1973；萨巴蒂尔、马兹曼尼恩，1979）。自上而下研究途径认为政策顺利执行的基本条件包括：政策目标要清晰、准确，前后一致，而且政策目标应该尽量能够具体化，可操作；决策要科学，能充分考虑到影响政策执行的各类因素；有足够的人力、物力、财力资源和强有力的领导去致力于实现政策目标。

自上而下研究途径具有以下特点：第一，研究的焦点在于如何更好地去贯彻落实中央政府制定的政策。第二，研究的重点在于政策制定者，认为政策制定者和执行者是严格分离的，政策执行者不参与政策制定活动。第三，重点对中央政府在政策执行过程中的地位及作用进行强调，即政策执行的成功与否受到中央政府给予政策执行者的控制和压力力度的影响。虽然自上而下研究途径应用广泛，分析了影响正常执行的因素并对如何提高政策执行力提出建议，但是仍然在一些方面受到批评。其一，它强调从最高层开始，过度重视决策者，而忽略其他行动者在政策执行过程中的作用。其二，政策在执行过程中存在不确定性，各级行政组织不可避免地拥有自由裁量权，基层组织的活动难以完全受控制。其三，过分强调政策目标，但是某些政策并没有明确目标，故不存在明确的评估标准。其四，虽然政策的制定和政策的执行在理论上可以分开，但是在实际执行过程中难以完全分开（黄忠敬，2011）。

（二）自下而上途径

自下而上途径产生于 20 世纪 70 年代中期至 80 年代末期，它是在对自上而下研究途径的批判和发展基础上出现的，受后实证主义和解释学派的影响，以埃莫尔、利普斯基、霍金、波特等为主要代表人物。利普斯基1977 年提出街头官僚理论，该理论是自下而上研究途径的典型代表，该理论认为街头官僚在政策执行中起着重要作用，街头官僚在政策执行中有着较大的自主性以及自由裁量权力，因此，街头官僚的权力对于政策执行的意愿以及其政策执行能力，对政策目标的实现起着重要的作用（利普斯基，1977）。

自下而上途径认为，政策制定和政策执行并不是严格分开的两个过程，政策执行过程充满着争论及冲突，它是多方行动者讨价还价的互动过程。对基层政策执行主体的动机进行分析能够更好地理解政策执行过程，因此应该专注于基层组织政策执行过程中的实际情况，以组织中的政策行动者作为出发点。自下而上研究途径坚持以下观点：第一，重视基层官员在政策执行中的重要作用。应该充分利用基层官员的自由裁量权去推进政策执行的过程，距离政策执行问题越近，对其影响的能力就越大。第二，政策执行的有效性受制于多元行动者间的互动沟通程度。有效的政策执行是多元行动者之间互动沟通的结果，而非单一执行机构的行为结果。第三，政策的有效执行受基层官员或者地方执行机构所拥有的自由裁量权的影响。政策执行过程中很多影响因素无法控制，上级官员并不一定非常熟悉基层的实际情况，因此，官僚体制难以解决政策执行问题，应该充分关注基层的实际情况，重视基层官员的认知与能力，给基层官员更多自主权。第四，政策的有效执行是一项涉及相互谈判、妥协或联盟的过程（埃莫尔，1979）。第五，政策执行是政策制定者与执行者之间达成共识并自我选择的过程。政策执行不是政策制定者一厢情愿的想法，下级机构能够选择自认为可以实现政策目标的方式，因此，政策制定者必须与下级机构达成共识。

自下而上研究途径重视执行人员的想法和需求，强调政策执行是政策制定者与执行者之间达成共识与相互协商的过程，因而政策执行不仅仅关注执行者是否服从政策制定者，还赋予执行者自主性（林小英，2006）。自下而上研究途径虽然在一定程度上克服了自上而下研究途径的缺陷，但这种研究途径也出现了新问题：其一，过分强调基层执行主体的自由裁量权，却忽略了决策者对基层政策执行主体行为产生的影响。虽然在政策执行过程中基层官员的想法和做法应该重视，但是没有理由认为基层官员的想法就更合理，基层官员可能会滥用自己的权力，导致政策执行失效；另外，基层官员对政策的解释与执行在很大程度上是由中央政府决定的，他们只能在中央政府制定的一系列政策框架内行动。其二，过于重视对行动者之间的互动及对行为策略的描述，没有提出明确的理论解释行动者的参与，行为选择变化的原因（丁煌、定明捷，2010）。其三，忽视了在政策执行过程中政策目标和政策制定所起的作用。事实证明，确定政策目标，如何实现都非常必要。所有的政策制定和目标都会对政策行动者的决策环境有所规定，政策制定者、执行者以及目标群体之间复杂的信息互动的存在，不能排除政策制定和目标的存在（陈喜乐、杨洋，2013）。

（三）整合型途径

自上而下和自下而上的研究途径各有利弊，它们都无法跳出自身存在的狭隘性和片面性，自 20 世纪 80 年代后期开始，一些政策研究者致力于对这两种不同的研究途径进行整合，并试图建立一个集两者优点于一体的整合型分析框架，整合型研究途径强调政府组织之间的网络关系，政策执行成败取决于政府组织能力的强弱和组织之间沟通的好坏。整合型研究途径以高金、萨巴蒂尔、马特兰德等为主要代表人物。

整合型研究途径的学者们希望寻求一种能够突破自上而下和自下而上这两种研究途径缺陷的，有着更多包容性的研究途径。前述两种研究途径虽然有各自的优缺点，但也有着较强的互补性，这也为实现整合型研究途径提供了可能。当前来看，主要存在两种整合型途径，第一种是明确上述两种研究途径各自的适用范围，指出两者间的互补性；第二种是将上述两种研究途径的相关要素整合到新的研究模型。当前，学者们多采用第二种整合型途径。整合型研究途径从全面视角看待政策执行过程。把政策制定与执行过程整合到一起，不仅关注政策执行过程中决策者的作用，还考虑了基层政策执行者的自由裁量权及其对政策结果的影响。高金的府际关系模型、萨巴蒂尔的支持联盟框架是整合型途径的典型代表。府际关系模型强调："中央政府与地方政府之间存在既冲突又合作的关系；地方政府具有自主裁量权，不仅能够解释中央政府政策的内容，也能了解地方政府的实际问题"（高金，1990）。萨巴蒂尔的支持联盟框架以美国政府的政策制定和执行过程为依据，其目的之一就是整合自上而下与自下而上两种途径的优点（萨巴蒂尔，2006）。

虽然整合型研究途径试图去整合自上而下与自下而上两种途径的优点，但是也不可避免地存在一些不足之处：第一，政府组织之间的网络分析太复杂，很难解决政策执行中存在的实际问题；第二，整合型研究途径虽然使用了多种分析技术和方法，但并没能把前两种途径真正整合起来。由于政策执行涉及的因素纷繁复杂，在不同时间、不同地点、不同执行者的执行过程不同，这增加了执行理论研究的难度；第三，整合型研究途径还处于发展过程中，大多数分析还只是概念性模式，能否真正成为整合型途径还需要政策执行者不断地批判和丰富，还有待更多的经验研究及理论上的修正。

（四）三种政策执行研究途径的比较

国内外学者对政策执行的研究至今才几十年，经历了被政策研究者忽视到关注，再到重视的发展过程。伴随着这一发展过程主要出现了三种不同的研究范式，如表29所示。

表 29　三种政策执行研究途径的比较

研究途径	自上而下	自下而上	整合
研究重点	中央政策的执行	基层政策执行者的自由裁量权	政策执行中各因素之间的关系
理论基础	科层理论	后实证主义	系统论
研究目的	立足于中央政府，提供改进政策的知识	分析政策如何被执行的经验	研究政策执行的动态过程
执行过程	中央政府制定政策，地方政府执行	不同行动者之间的利益互动	在复杂组织中进行的学习过程
政策评估	以政策目标能否实现作为政策执行成败的标准	政策过程是无缝之网，难以对政策进行评估	政策评价标准多元，是再决策的依据
政策制定与执行的关系	两分法	互动	复杂网络关系

这三种政策执行研究途径各有侧重点和优缺点，自上而下研究途径关注政策目标与结果之间的差距，什么原因导致这种差距；自下而上研究途径关注的是政策执行者如何理解政策，如何执行政策；整合型途径试图采用多种方法去整合自上而下与自下而上两种途径的优点。但是这三种政策执行研究途径各有优缺点，每一种研究途径适用于不同的政策和情景，很难判断三种研究途径的优劣。自上而下研究途径适用于解释体现中央权威的管制性政策和再分配政策等，自下而上途径适用于强调地方特色的自我管制性政策和分配政策，整合型研究途径还处于发展过程中，还有待于更多的实证研究与理论修正。从这三种研究途径的发展可知，政策执行研究其实质就是对政策执行活动与社会、经济等内外部环境关系不断再认识的过程（陈喜乐、杨洋，2013）。随着政策环境的快速变化，政策制定和执行问题涉及的利益主体会越来越多，政策执行研究将越来越复杂，单一的研究途径、研究理论将难以解释复杂的政策执行过程。

5.2.3　4% 政策执行不力的原因分析

不同的政策执行研究途径形成了不同的理论模型。自上而下的研究途径有史密斯提出的过程模型、韦伯的官僚制模型等；自下而上的研究途径有麦克拉夫林提出的互适模型、利普斯基提出的街头官僚理论模型等；整合型研究途径有萨巴蒂尔提出的综合模型、高金提出的府际关系模型、政策网络理论模型等。

在我国对政策执行的研究大致形成了官僚制模型、政治动员模型和博弈模型、治理理论、制度分析等理论模型（龚虹波，2008）。政策执行模型从实质上来看，就是对政策执行过程的抽象概括，不同的政策执行模型从不同分析角度对政策执行进行分析和阐述，侧重点不同，但是不存在完美的模型。过程模型、系统模型和综合模型等从政策执行的影响因素角度进行分析，循环模型从政策执行的过程角度进行分析，综合模型和组织模型从政策执行途径的角度进行分析，互适模型和博弈模型从政策执行原则的角度进行分析，它们都认为政策执行的本质是利益分配（孙绵涛，2010）。任何政策要发挥其作用必须通过政策的有效执行，但政策执行是一个非常复杂的过程，往往受诸多因素的影响和制约，本文将基于史密斯的过程理论模型对影响4%政策有效执行的原因进行分析。

（一）史密斯过程模型

政策执行是政策过程中与政策制定、政策评估、政策终结过程同样重要的环节，是在政策制定出台之后，将政策规定的内容变成现实的过程。政策在执行过程中受各种主客观因素的影响和制约，例如，政策本身、政策制定、政策环境等因素从不同的方面影响和制约着政策的有效执行，使得政策目标不能按时实现，甚至出现政策目标无法实现，政策无法发挥其作用的现象。因此，国内外政策研究者们从不同的角度、综合多种因素提出了多种影响政策执行因素的模型，用于解释政策执行不力的原因并提出提高政策执行能力的建议。其中，史密斯的过程理论模型是最早提出的，具有代表性的影响政策执行因素的模型。

过程理论模型指出，政策的执行过程主要包括理想化的政策、目标群体、执行机构以及政策环境四要素。并且，这四个要素相互作用，共同影响着政策执行的过程和结果。理想化的政策主要包括政策形式、政策类型、政策范围、社会对政策的印象；目标群体包括目标群体的组织或制度化程度、接受领导的情形、先前的政策经验；执行机构包括组织结构和人员、执行能力、行政组织领导力；政策环境包括文化、社会、政治、经济等环境（史密斯，1973）。

（二）4% 政策执行不力的原因分析

（1）政策本身

政策问题的特性，政策的明晰性、协调性、稳定性、合理性等都会对政策的有效执行产生影响。通常来说，政策问题涉及的范围越广，群体越多，牵涉的利益关系越多，执行难度就越大，有的政策问题涉及范围较小，仅涉及某一地区或部门，利益关系少，此类政策的执行难度相对比较小，但是有的政策问题涉及整个国家，利益关系调节复杂，政策的有效执行就比较困难。4% 政策的出台是为了提高国家财政性教育经费的投入，解决国家教育经费短缺问题，作为一项国家重大的宏观政策，4% 政策中的经费短缺问题涉及我国的学前教育、基础教育、中等教育、高等教育等，4% 政策的执行机构不仅包括中央政府和地方政府，且地方政府又包括省（自治区、直辖市）政府、市政府、县政府等各级政府的投入，截至 2017 年，我国共有省级行政区 31 个（不包括港澳台）、地级行政区 334 个、县级行政区 2876 个；4% 政策的执行还涉及教育部、财政部、国家税务总局及其下属的厅、局。总之，4% 政策范围非常广，涉及全国各个地区，目标群体也众多，牵涉多种复杂的利益，这都给 4% 政策的有效执行增加了难度（何雄浪、朱旭光，2009）。

政策的明晰性是政策必须明确、清晰，不可模棱两可、含糊不清，否则容易使政策执行者对政策内容产生误解或曲解。4% 政策是一项由中共中央、国务院出台的宏观性政策，虽然目标明确，但是政策文本中的有些条文表述比较模糊，如文本指出："国务院有关部门要制定相应的政策措施和实施步骤，认真加以落实，切实保证教育拨款实际上有较大幅度的增长。"有关部门具体指哪些部门？较大幅度增长到底是增长多少？教育拨款到底包括哪些拨款？4% 政策涉及教育、财政、税务等多个部门，文本中并没有具体提到哪个部门；较大幅度增长的表述容易让不同的政策执行者基于自身利益或者自己的理解去认定较大幅度是多少，主观性太强，没有统一标准，难以评价；教育拨款在实践过程中有不同的界定，教育部门与财政部门的统计口径也存在差异，到底是只包括预算内教育拨款还是包括了预算外财政拨款。总之，在政策执行的过程中，含糊不清的文本表述往往导致政策执行者对其进行弹性解读，使投机取巧的部门或者政策执行者有漏洞可钻。

（2）执行机构

政策执行需要一定的主体，政府组织和非政府组织都有可能是这一执行主体。同时，这一执行主体也可能是一个或多个组织。无论何种政策，其执行必将通过一定的主体来进行，其执行主体是将政策付诸实践的推动者。因此，在这一过程中，起到重要作用的执行机关或人员成为影响政策执行有效性的重要因素（张成福、党秀云，1996）。

公共政策的执行在某种意义上是对社会利益所做的权威性分配。作为政策执行主体，在政策执行过程中，一方面需要从国家的整体利益出发去理解并执行政策，另一方面要从本地区或本部门的利益出发去理解并执行公共政策，因此，国家整体利益与地区利益之间的冲突与矛盾，贯穿于公共政策执行的整个过程。政策执行主体要完全保持价值中立几乎不可能，当政策执行主体的利益遭受威胁时，为了维护自身利益，政策执行者会采取种种措施，对政策执行进行调整，这样很容易导致政策成为一纸空文。我国政府主要有中央政府与地方政府，政府间关系体现为中央政府与地方政府之间的关系，地方政府与地方政府之间的行政关系，这是一个纵横交错的复杂网络，中央政府和地方政府之间的关系是这一复杂网络中最关键的。新中国成立以来，我国在正确处理中央和地方关系问题上进行了很多努力，经过多次调整，特别是分权改革以来，地方政府的各项权力增加，打破了中央与地方传统单一的利益格局，地方政府也成为相对独立的利益主体。地方政府作为政策执行的主体，要综合考虑的利益需求包括：第一，地方政府是中央政府的代理机构，需要维护中央政府在地方的利益；第二，代表地方利益，促进地方经济的发展，提高人民生活水平和福利；第三，地方政府官员的个人利益（丁煌、定明捷，2004）。这些不同的利益需求是地方政府在政策执行中的行为依据。

作为政策制定主体的中央政府代表着国家整体利益，而作为政策执行主体的地方政府则代表着地区局部利益乃至个人的利益，在有些情况下，国家整体利益与地区局部利益，甚至地方官员个人利益之间存在冲突与矛盾。地方政府在执行中央政策时往往以自己的损益作为参考，受益越多，越愿意执行；受损越多，越不愿意执行（丁煌，2004）。地方政府为了维护地区局部利益甚至个人利益，政策执行主体——地方政府官员总是力图修正中央政策，当中央政策在整体上既无益又无损于地方局部利益时，地方政府在政策执行过程中出现"怠工"现象，即只传递政策而不对政策进行具体化和操作化，导致政策执行表面化；当中央政策可能会有损地方政府局部利益时，特别是当地方政府官员个人利益时，政策执行者会制定一些与中央政策表面相一致而实质相悖的对策，进而造成政策执行的异化；当地方政府官员具有目标群体和执行主体双重身份且所执行的政策与其自身利益发生冲突时，其执行政策的动力会下降或消失，随即会造成政策执行的停滞。当中央政策的执行需要通过较多的中介环节时，也会造成不同层次政府间的利益冲突概率的增加。最终，政策制定者即中央政府与政策执行者即地方政府间的各种复杂的利益冲突造成政策难以执行（丁煌，2004）。

　　4% 政策的执行主体主要包括地方各级政府、教育主管部门、财政、税收等相关部门及其工作人员，虽然作为中央政府代理机构的地方各级政府在根本利益上与中央政府的利益相一致，但是政策的执行也意味着资源的重新调整和分配，使原有利益格局发生改变，故涉及具体利益时中央政府与地方政府之间存在诸多差异。4% 政策作为中央制定的一项重要的宏观政策，其主要目标在于实现财政性教育经费投入的 4%，其出发点在于解决教育经费短缺问题，促进国家教育事业的发展，进而保障国家的长远发展，可以说 4% 政策符合国家长远利益。地方政府有多重目标，地方政府的财政投入除了要用于教育外，还需要用于环保、卫生等公共服务领域，而且地方政府最重要的目标在于促进地方经济的发展。由于我国对政府官员的绩效考核主要以 GDP 的增长率作为指标，为了个人利益，例如，取得政绩、升职等，地方政府官员更愿意将有限的财政资金用于更容易提高 GDP 等基础设施建设的项目，4% 政策是一项投入量大、周期长但是不能立刻带来经济效益的教育投入，所以地方政府在执行 4% 政策的过程中难以从国家利益出发，教育经费投入也有限。

　　政策执行机构之间的有效沟通和协调也对政策执行产生影响。在 4% 政策执行过程中，中央政府、地方各级政府、各级教育部门、各级财政部门之间缺乏有效的沟通，各自为政。从纵向看，4% 政策的制定者是中央政府，政策的执行主体主要是地方各级政府，上级政府与下级政府之间缺乏有效沟通。受国家管理体制的影响，地方政府在不违背中央政策法规的前提下拥有一定自由裁量权，不过，4% 政策的执行涉及的层级多，信息不对称，上级政府对下级政府的监督也比较困难，各级地方政府就会利用自由裁量权有选择性地执行上级政策，4% 政策需要各级地方政府对教育投入大量经费，而对各级地方政府来说，这损害了地方利益，故在政策执行过程中地方政府并没有很强的积极性和主动性。但是，在缺乏有效沟通和协调的情况下，下级政府对于 4% 政策的具体执行状况并不被上级政府所了解，从而导致上级政府无法对政策的执行情况进行有效的监控和调整，最终使得 4% 政策难以顺利地被贯彻执行。从横向上看，4% 政策从颁布到实施，涉及教育、财政等部门，要进行各种繁杂的沟通。而各部门出于其利益目标考虑以及职能的不同，在没有有效沟通的状况下，不可避免地会产生各种矛盾。例如，上级政府、教育部门希望财政部门能够按照4%政策的要求拨款，但是财政部门由于种种原因，难以满足教育部门的需求，在此种情况下，职能不同的部门之间如果缺乏有效的沟通和协调，4%政策执行的难度会增加，政策执行的有效性也会受影响。

（3）目标群体

目标群体被定义为需要根据政策去适应新的互动模式的群体，该群体在组织或团体中受政策影响较大，并且该群体处于什么样的状况对于政策的执行有着重要影响。首先，目标群体对于政策的认同影响政策执行。政策群体如果对政策的认同度高，则会克服困难，认真执行政策，如果对政策的认同度低，则会消极应对甚至抵制政策执行。其次，目标群体的构成状况影响着政策执行。目标群体构成的复杂性与政策执行的难度是正相关的，目标群体构成越复杂，在政策执行过程中所要协调处理的关系就会越多，从而会造成政策执行的难度加大。最后，目标群体的规模和范围也影响政策执行。目标群体的规模和范围越大，在政策执行中所要做的统筹与协调工作也就越多，相应的难度也就越大。反之，如果规模和范围越小，政策执行中各种关系越少，需要处理的事项会较少，能够较好地控制和协调，最终会使政策的执行比较容易。在4%政策中，政策的执行机构和目标群体相同，都是地方各级政府、教育部门、财政部门、税收部门。由于地方各级政府、相关主管部门既是执行主体又是目标群体的双重身份，所以在政策执行过程中涉及利益面特别多，各级政府之间、各部门之间、政府与部门之间不可避免地存在利益冲突和矛盾，这些矛盾和冲突都增加了政策执行的难度。

（4）政策环境

政策环境是政策执行的宏观背景，政策的执行总是处于一定的环境中，环境的好坏会影响政策的执行，良好的政策环境能够保障和促进政策的有效执行，而恶劣的环境会增加政策执行的阻力，阻碍和延缓政策执行。政策环境是诸多因素的综合，包括政治环境、经济环境、制度环境等。政治环境表现在国家的国体、政体、国家结构形式等对政策执行的影响，良好的政治环境有利于政策的贯彻执行；经济环境主要表现为国家的经济发展水平，经济体制等，经济环境是政策执行的物质基础（欧顺田，2014）。同时，制度环境也会在一定程度上对政策执行产生重要影响。我国政治稳定，为政策执行提供了有利条件，本文主要分析经济环境和制度环境对政策执行的影响。

随着经济体制改革等各项改革的顺利推进，我国经济发展水平日益提高，政府财政能力增强，这些都为政策执行提供了良好的物质基础，但是 4% 政策是一项国家宏观政策，这一政策的有效执行不仅仅是中央政府努力就可以的，更重要的是要依靠地方各级政府和相关部门的共同努力。但我国幅员辽阔，由于自然禀赋等方面的差异，各个省市尤其是东中西部地区发展极度不平衡，经济发展水平差异较大，地方政府财政能力也各有大小，这些差异导致 4% 政策的执行在不同地方效果不同，对于经济发达的东部地区，大部分省份能够较好地贯彻落实 4% 政策，而对于经济欠发达的中西部地区，政府财力有限，难以有效执行 4% 政策。

政策执行监督是指为了达到政策目标而对执行过程实施的监督与控制。政策执行的问责是对政策执行过程中执行主体权力行使的一种直接约束（周国雄，2007）。从 4% 政策的执行过程看，政策执行缺乏完善的监督与问责机制。1994 年国务院关于《中国教育改革和发展纲要》的实施意见中指出："要加强对各级政府教育经费投入状况的监控，并且，从 1994 年开始，国家教委及国家统计局通过对全国和各省、自治区、直辖市的教育经费执行情况予以公布来加强社会监督。"虽然从 1997 年开始至今，教育部每年都会公布全国教育经费执行情况统计公告，公告中会公布每年财政性教育经费占 GDP 的比例情况，《教育法》规定的"三个增长"的落实情况等，但是这种监督力度还不够，统计公告只是反映教育经费投入的实际情况，却并没有对未达标省份进行问责，监督虽然发现了问题，但是并没有及时改进。此外，为了实现 4% 目标，2011 年国务院《关于进一步加大财政教育投入的意见》中也提出："各地区要加强对落实教育投入法定增长、提高财政教育支出比重、拓宽财政性教育经费来源渠道各项政策的监测分析和监督检查，及时发现和解决政策执行中的相关问题。"但是在实践过程中，监督流于形式，政策执行的效果缺乏明确考核，政策执行考核结果也缺乏必要的赏罚措施，政策执行不力的政府官员几乎没有被问责，这不利于政策的执行。

5.3　本章小结

为什么国家财政性教育经费占 GDP 的比例一直在低位徘徊，财政性教

育经费投入的 4% 目标整整迟到了 12 年才得以实现，很多研究从不同角度
对此问题展开研究，但很少有学者从政策分析的视角展开研究。本章主要
从政策研究的视角对此展开分析。

首先，对 4% 政策的制定过程进行分析。4% 的政策制定过程主要包括
政策问题的确定、议程的设置、政策的形成、政策合法化四个阶段，通过
对 4% 政策制定过程的分析可以知道，4% 政策是为了解决我国教育经费严
重短缺问题而制定，其制定过程是自上而下的过程，国家领导人、学术精
英在政策制定过程中发挥着主导作用，可以说没有国家领导人的重视，经
费短缺问题就难以成为政策问题，进入政府议程，进行政策规划，最终形
成政策。此外，4% 政策的制定具有高度的科学性，在政策制定过程中由精
英学者组成的研究团队对教育经费的相关问题，使用大量数据和科学的方
法展开研究和反复论证，得出科学合理的研究结果，使得研究成果成功转
化为政策目标。

其次，对 4% 政策的执行过程进行分析。第一，对 4% 政策的实现过程
进行分析。通过 4% 政策的实现过程可以知道，各级政府并没有积极主动地
去认真执行 4% 政策，也没有强有力的动机去执行 4% 政策，4% 目标能够实
现除了 4% 政策对财政性教育经费投入的有限约束力外，还在于 2011 年和
2012 年这两年从中央到地方层层施压的压力型体制下，下级政府迫于上级
政府的压力想尽一切办法地执行，使教育经费"突增"。第二，对 4% 政策
执行难的原因进行分析。政策的贯彻执行涉及很多问题，是一个较为复杂
的过程，其有效执行又受限于多种因素。在本章，主要是基于史密斯的政
策执行过程模型对 4% 政策执行不力的原因进行深入分析，通过分析可知，
政策本身、政策执行机构、目标群体、政策环境都对 4% 政策的有效执行产
生影响。

第 6 章

研究结论与建议

6.1 主要研究结论

6.1.1 我国财政性教育经费投入低且来源结构不合理

虽然自改革开放以来，随着国家经济的迅速发展及国家对教育的高度重视，不管是否考虑通货膨胀的影响，国家财政性教育经费投入均呈上升趋势，且在 1978—2015 年的 37 年间增长迅速，其名义年均增长率和实际年均增长率均超过 10%，但是直到 2012 年我国才实现早在 1993 年就已经提出的在 20 世纪末达到 4% 的目标。虽然我国实现了 4% 目标，但 4% 目标仅仅是对教育投入的及格线，政府对教育还有大量欠债，4% 也难以满足教育发展的需要，而且与国际上很多国家对教育的投入相比，我国财政性教育经费的投入依然处于较低水平。

我国财政性教育经费主要由预算内教育经费、各级政府征收用于教育的税费、企业办学中的企业拨款、校办产业和社会服务收入用于教育的经费四个部分构成，但是从 1993—2015 年的数据可知，预算内教育经费占财政性教育经费的比重在 72.5% ~ 93.2% 变动，且预算内教育经费投入呈上升趋势，预算内教育经费是财政性教育经费的主要来源，而其他三个部分在财政性教育经费中所占比重极低。

6.1.2 我国财政性教育经费投入在不同阶段呈现不同的记忆性

国家财政性教育经费投入是否持续增长对国家制定教育财政政策有重大影响。本书基于分数布朗运动理论，使用 R/S 方法对赫斯特指数进行估算，以 1978—2015 年国家财政性教育经费数据作为研究指标，并以此来判断目前我国财政性教育经费投入增长是否具有长记忆性。国家于 1993 年出台了4% 政策，为了了解 4% 政策出台前后的财政性教育经费投入是否存在差异，本书将财政性教育经费投入分 1978—2015 年、1978—1993 年、1994—2015年三个阶段计算赫斯特指数。计算结果表明：在 1978—2015 年财政性教育经费的增量具有短记忆性（或反持续性），财政性教育经费增量之间存在负相关，经费未来的增长或下降与过去的增长或下降趋势不同。在 1978—1993 年，即 4% 政策出台之前的阶段，财政性教育经费的增量具有短记忆性（或反持续性），财政性教育经费增量之间存在负相关。在 1994—2015 年，即 4% 政策出台后财政性教育经费的增量具有长记忆性，财政性教育经费增量之间存在正相关，财政性教育经费的过去增量与未来增量之间趋势相同，其增长趋势在未来能够延续。

6.1.3 政策压力对财政性教育经费投入的影响在不同地区各异

就全国而言，政策压力对财政性教育经费投入有显著的正面影响，这表明，在其他条件保持不变的情况下，目标值与实际值的差值每增加 1%，财政性教育经费投入占财政支出的比重就会增加 0.242%。分地区看，就东部地区而言，政策压力对财政性教育经费投入有正面影响，但是影响并不显著；就中部地区而言，在其他条件保持不变的情况下，政策压力对财政性教育经费投入有显著的负面影响，目标值与实际值的差值每增加 1%，财政性教育经费投入占财政支出的比重就会下降 1.565%；就西部地区而言，在其他条件保持不变的情况下，政策压力对财政性教育经费投入有显著的正面影响，目标值与实际值的差值每增加 1%，财政性教育经费投入占财政支出的比重就会增加 0.167%。

6.1.4 不同类型财政分权对财政性教育经费投入的影响不同

本书将财政分权分为财政收入分权和财政支出分权。无论是全国范围内还是东中西部地区，在所有模型中财政收入分权对财政性教育经费投入始终具有显著的负面影响，这表明，在保持其他条件不变的情况下，财政收入分权不利于提高财政性教育经费投入。无论是全国范围内还是东中西部地区，在所有模型中财政支出分权对财政性教育经费投入始终具有显著的正面影响，这表明，在保持其他条件不变的情况下，财政支出分权有利于提高财政性教育经费投入。

6.1.5 控制变量对财政性教育经费投入的影响在不同地区各异

产业结构对全国、东部地区财政性教育经费投入没有显著影响，对中部、西部地区的影响显著为正。经济发展水平对全国、东部、西部地区财政性教育经费投入的影响显著为正，对中部地区财政性教育经费投入没有显著影响。少儿抚养比对中部和东部地区财政性教育经费投入具有显著的负面影响，对西部地区有显著的正面影响，对全国来说，没有显著影响。转移支付对中部地区财政性教育经费的投入有显著的负面影响，对全国、东部和西部地区没有显著影响。人口数量对全国、中西部地区财政性教育经费的投入有显著正面影响，对东部地区有显著负面影响。城市化水平对中、西部地区有显著正面影响，对全国和东部地区的影响显著为负。财政自给度对全国及东西部地区没有显著影响，对中部地区的影响显著为负。

6.1.6 政策约束力有限和执行不力使教育经费投入的4%目标延期实现

通过对财政性教育经费投入的影响因素研究可以发现，虽然从全国来看，政策压力对财政性教育经费投入有显著正面影响，但其影响力有限，而且政策压力对不同地区的影响也不同，尤其是对中部地区有显著负面影响，不利于中部地区教育经费的投入；通过对4%政策的制定和执行过程可以发现，受政策本身、政策执行机构及政策环境等方面的影响，各级政府执行4%政策的积极性和主动性不够高，不折不扣地执行4%政策的动力也不足，4%目标延期12年才实现这一目标，除了4%政策对财政性教育经费投入的有限约束力外，还在于政策执行不力。

6.2 政策建议

6.2.1 以制度保障财政性教育经费的投入

在2012年4%目标实现后，针对财政性教育经费的投入问题出现了两种观点，第一种观点认为应该继续使用财政性教育经费占 GDP 的比例作为教育经费投入的依据，并且应该提出更高的比例；第二种观点认为教育经费的投入应该与 GDP 等指标脱钩，用制度来保障经费的投入。这两种观点都是为了保障政府对教育的投入，它们的主要分歧在于保障教育经费投入的方式不同。这两种观点都有各自的道理，到底应该以何种方式保障教育经费的投入也成为学者争论的焦点。本书的研究结论表明，不宜再继续使用财政性教育经费占 GDP 的比例作为教育经费投入的依据，应该建立教育经费投入的长效机制，以制度来保障教育经费投入。

（一）完善财政预算外收入管理制度

在预算管理过程中，收入可分为预算内收入和预算外收入，而我国的财政收入目前只统计了预算内收入，没有将原本也属于财政收入的预算外收入统计在内。在我国，目前尚有政府性基金、社会保险基金、国有资本经营预算外等收入游离在预算收支管理之外。大量预算外收入的存在，不仅影响了各级政府对教育投入的实际财政能力，也不利于现代预算管理制度的建立，因此，要科学规范地管理预算外收入，将政府预算外收入统一纳入政府财政预算进行统一管理和使用。

（二）建立教育经费投入的监督与问责制度

一直以来，在以 GDP 增长作为政绩考核标准的影响下，地方政府管理者习惯将财政资金投入到基础设施建设等见效快的生产性领域，而压缩对教育等公共领域的投入。虽然国务院在 2011 年发布的《关于进一步加大财政教育投入的意见》中提出要完善教育财政监督评价制度，制定对各地教育财政投入状况分析评价的办法和可量化指标，以便对各地教育财政投入进行综合评估，供中央政府进行问责，但是，我国目前尚未制定统一的教育财政投入的监督制度和量化指标，更谈不上问责。所以，不仅应该把政府对教育经费的投入总量纳入各级政府官员的考核指标体系，还需要建立经费投入的问责机制，对执行不力的官员进行问责。除此之外，还需要各级人大建立教育经费投入执行情况报告制度，上级人大要加强对下一级政府所制定的教育预算以及当年教育预算执行情况的年度检查和监督，将各级政府对教育的投入状况作为地方政府官员的政绩考核指标之一。

（三）制定科学的生均教育经费标准

4% 作为我国教育财政经费投入的数字指标，为我国教育财政经费投入指明了方向，提供了依据，也发挥了一定作用。但是 4% 作为衡量教育投入的依据也存在一定问题，对于某些经济发展水平高，GDP 高的地区，即使投入大量教育经费，甚至投入的教育经费已经满足当地教育发展需求，但是也难以实现 4% 目标，但是对于发展落后，GDP 很低的地区来说，由于分母很小，只需投入较少的教育经费就能轻易实现 4% 目标，对这些地区来说，虽然实现了 4% 目标，但是依然不能解决经费短缺问题。教育的投入应该以满足教育发展需求为标准，4% 目标并不能准确反映这一目的。所以，各地应该根据当地财政状况和教育发展的实际需求，科学地制定各级和各类学校的生均拨款标准。

6.2.2　多渠道筹措财政性教育经费，优化其来源结构

目前，预算内教育经费是财政性教育经费来源的主体，这表明政府在教育经费投入中占主导地位，而且通过对历年来教育经费数据的分析可以发现，政府对教育的投入越来越多，但是，当前我国经济增长速度放缓，政府财政收入也会受到一定程度的影响，而且预算内教育经费占财政性教育经费的比重已高达 90% 左右，财政对教育的投入将达到极限，而政府财政资金除了用于教育外，还要用于医疗、科技等公共领域，所以，要大幅地提高政府财政对教育的投入比较困难，应该寻求财政外资金来支持教育的发展，这是当前解决教育经费不足的必要途径。对此我们应该发挥非政府主体的作用，扩宽财政性教育经费的来源渠道，具体渠道如下：扩大教育附加税的征收范围。目前我国财政性教育经费来源中用于教育税费部分主要是由各级政府征收的教育费附加，教育附加税的征收以增值税、营业税、消费税三税实际征收额作为基础。然而受"营改增"税制改革的影响，教育附加费的征收受到影响。鉴于此，各地区可以根据实际情况，开征其他教育费附加，扩大其征收范围（汪栋、蒋劲杰、黄斌，2017）。

6.2.3　教育经费政策的制定要因地制宜

虽然 4% 政策的制定过程包括问题的确定、设立议事日程、政策规划与形成、政策合法化这四个阶段，符合政策制定过程的一般规律，4% 政策的制定具有高度的科学性，但是 4% 政策作为一项重要的中央宏观政策，作为在教育经费投入方面影响力最大的政策，却忽略了地区差异。我国地域辽阔，资源禀赋差异较大，各地的政治、经济、人口、文化等差异也较大。在数据分析过程中，发现实现 4% 目标，对于不同地区难度也不同，以北京

为例,在 1997—2011 年,其财政性教育经费占 GDP 的比例一直高于 4%,而对于中西部地区的省份,很多省直到 2012 年都还没有实现 4% 目标。所以,在今后的教育投入政策的制定要因地制宜。

6.3 研究的不足与展望

6.3.1 研究数据

本书使用的研究数据主要来自统计年鉴,但是由于统计年鉴数据的缺失,本书仅使用了 1997—2015 年的面板数据对财政性教育经费的影响因素进行分析,而 4% 政策出台前的数据并没有包括在内,这使我们无法对 4% 政策出台前后的财政性教育经费投入进行比较分析。此外,本书主要使用的是省级面板数据对教育经费投入进行分析,但是财政性教育经费的投入除了中央政府、省级政府,更主要的还有市、县级政府。在今后的研究中,希望可以使用更多年份的数据、市级甚至县级政府的面板数据进行分析,以便呈现更丰富、准确的研究结果。

6.3.2 变量设置

本书使用 4% 政策目标与各地区财政性教育经费占 GDP 的比重之差作为衡量政策压力的变量,但是 4% 政策这样一项由中央政府制定的宏观政策,它主要由地方各级政府负责具体实施,在实施过程中没有统一明确的实施细则,各级政府感知到的政策压力各异,所以,政策压力这一指标难以全面反映在政策实施过程中各地区政府感受到的政策压力。在未来的研究中,希望能够设置更合理的政策压力指标或者采用不同的研究方法对 4% 政策本身对财政性教育经费投入的影响进行分析。

6.3.3 研究内容

财政性教育经费的投入包括对基础教育的投入、中等教育的投入、高等教育的投入。本书只对财政性教育经费的投入总量进行分析,对不同层次的教育经费投入没有展开分析,由于不同层次教育的性质不同,承担的职能不同,国家对不同层次教育经费的投入政策也存在差异,所以不同层次教育经费投入的影响因素应该也存在差异，在今后的研究中，可以对不同层次财政性教育经费投入的影响因素进行分析。此外，本书第 5 章中对影响 4% 政策执行的研究，主要是基于理论的阐释性分析，缺乏实证研究，在今后的研究中，可以尝试基于理论模型，提出研究假设，验证研究假设的思路，对 4% 政策进行研究。

参考文献

[1] [美] 佛朗西斯·C. 福勒. 教育政策学导论 [M]. 许庆豫, 译. 南京: 江苏教育出版社, 2007: 156.

[2] [美] 杰伊·沙夫里茨, 卡伦·莱恩, 等. 公共政策经典 [M]. 彭云望, 译. 北京: 北京大学出版社, 2008: 122.

[3] [美] 杰伊·沙夫里茨, 卡伦·莱恩, 等. 公共政策经典 [M]. 彭云望, 译. 北京: 北京大学出版社, 2008: 125.

[4] [美] 约翰·W. 金登. 议程、备选方案与公共政策 [M]. 丁煌, 等译. 北京: 中国人民大学出版社, 2004: 101.

[5] [美] 詹姆斯·E. 安德森. 公共决策 [M]. 唐亮, 译. 北京: 华夏出版社, 1990: 66.

[6] 鲍成中. 后4%时代: 我国教育经费的保障和使用 [J]. 中国教育学刊, 2012 (9): 9-12.

[7] 曹淑江. 我国地方政府的激励机制与政府基础教育支出 [J]. 社会科学辑刊, 2010 (1): 73-77.

[8] 曹淑江. 论教育的经济属性、教育的公益性、学校的非营利性与教育市场化改革 [J]. 教育理论与实践, 2004 (17): 21-24.

[9] 曾晓东, 龙怡. 后4%时代, 路该怎么走——对各省区市2012年财政性教育经费使用情况的调研与思考 [N]. 光明日报, 2013-03-19.

[10] 陈喜乐, 杨洋. 政策执行研究的范式转变 [J]. 厦门大学学报 (哲学社会科学版), 2013 (1): 1-8.

[11] 陈晓宇. 教育财政体制改革应设计出科学可行的保障机制 [J]. 教育与经济, 2014 (1): 3-4.

[12] 陈昭, 梁静溪. 赫斯特指数的分析与应用 [J]. 中国软科学, 2005 (3): 134-138.

[13] 陈志勇, 张超. 财政分权对我国地方政府教育支出的影响研究——基于省级面板数据的实证分析 [J]. 教育与经济, 2012 (4): 6-10.

［14］邓小红，高翔．教育经费增长的"瓶颈"及其突破［J］．江西教育科研，2004（10）：16－18.

［15］丁煌，定明捷，吴湘玲．"上有政策、下有对策"的博弈缘由探析［J］．科技进步与对策，2004，21（7）：146－148.

［16］丁煌，定明捷．国外政策执行理论前沿评述［J］．公共行政评论，2010，3（1）：119－148.

［17］丁煌．利益分析：研究政策执行问题的基本方法论原则［J］．广东行政学院学报，2004，16（3）：27－30.

［18］丁秀飞，王琦．教育经费占GDP比例指标设定问题思考［J］．经济纵横，2014（12）：65－68.

［19］法律图书馆．中华人民共和国义务教育法［EB/OL］．http：//www. law－lib. com/law/law_view. asp? id＝3636.

［20］樊纲．渐进改革的政治经济学分析［M］．上海远东出版社，1997.

［21］樊明成．我国公共教育经费投入指标的回顾与前瞻——基于政府财政能力的分析［J］．清华大学教育研究，2008（6）：62－67.

［22］樊明成．新时期实现我国教育投入目标的财政能力分析［J］．国家教育行政学院学报，2008（9）：49－53.

［23］樊勇．财政分权度的衡量方法研究——兼议中国财政分权水平［J］．当代财经，2006（10）：33－36.

［24］付尧．我国政府教育投入努力程度的分析与预测——基于ARIMA模型的研究［J］．中国人民大学教育学刊，2014（2）：29－39.

［25］傅勇，张晏．中国式分权与财政支出结构偏向：为增长而竞争的代价［J］．管理世界，2007（3）：4－12.

［26］高培勇．财税体制改革与国家治理现代化［M］．北京：社会科学文献出版社，2014：66.

［27］高培勇．共和国财税60年［M］．北京：人民出版社，2009：242.

［28］龚虹波．中国公共政策执行的理论模型述评［J］．教学与研究，2008（3）：92－96.

［29］郭庆旺，赵志耘．论中国财政分权程度［J］．涉外税务，2005（11）：9－13.

［30］国务院新闻办公室．国务院关于实行分税制财政管理体制的决定

（国发〔1993〕85 号）〔EB/OL〕．http：//www. scio. gov. cn/zhzc/6/2/Document/1066129/1066129. htm.

　　〔31〕国务院新闻办公室．中共中央关于全面深化改革若干重大问题的决定〔EB/OL〕．http：//www. scio. gov. cn/zxbd/nd/2013/document/1374228/1374228. htm.

　　〔32〕哈维·S. 罗森．财政学〔M〕．郭庆旺，译．北京：中国人民大学出版社，2009：493.

　　〔33〕何雄浪，朱旭光．我国公共政策执行失灵的原因及其矫正探讨〔J〕．当代经济管理，2009，31（2）：46 - 50.

　　〔34〕胡鞍钢，王磊．全社会教育总投入：教育发展的核心指标〔J〕．清华大学教育研究，2010（3）：1 - 6.

　　〔35〕胡伟．政府过程〔M〕．杭州：浙江人民出版社，1998：236.

　　〔36〕胡伟．政府过程〔M〕．杭州：浙江人民出版社，1998：237 - 239.

　　〔37〕胡伟．政府过程〔M〕．杭州：浙江人民出版社，1998：242.

　　〔38〕胡伟．政府过程〔M〕．杭州：浙江人民出版社，1998：248.

　　〔39〕黄忠敬．我国教育政策制定过程之探讨〔J〕．教育理论与实践，2007（5）：21 - 24.

　　〔40〕黄忠敬．教育政策导论〔M〕．北京：北京大学出版社，2011：181.

　　〔41〕江胜珍．政府责任与教育公平：基于公共物品理论的探讨〔J〕．现代大学教育，2011（6）：7 - 10.

　　〔42〕教育部．关于从土地出让收益中计提教育资金有关事项的通知（财综〔2011〕62 号）〔EB/OL〕．http：//old. moe. gov. cn/publicfiles/business/htmlfiles/moe/s7496/201108/122848. html.

　　〔43〕教育部．国家中长期教育改革和发展规划纲要（2010—2020 年）〔EB/OL〕．http：//old. moe. gov. cn/publicfiles/business/htmlfiles/moe/s3735/201008/xxgk_93785. html.

　　〔44〕教育部．国务院发布征收教育费附加的暂行规定〔EB/OL〕．http：//old. moe. gov. cn/publicfiles/business/htmlfiles/moe/moe _ 696/200408/953. html.

　　〔45〕教育部．国务院关于进一步加大财政教育投入的意见（国发〔2011〕22 号）〔EB/OL〕．http：//old. moe. gov. cn//publicfiles/business/htmlfiles/moe/moe_1778/201107/121857. html.

　　〔46〕教育部．国务院关于修改征收教育费附加的暂行规定的决定

［EB/OL］． http：//old. moe. gov. cn/publicfiles/business/htmlfiles/moe/moe_696/200408/952. html.

［47］教育部． 面向 21 世纪教育振兴行动计划［EB/OL］． http：//www. moe. gov. cn/jyb_sjzl/moe_177/tnull_2487. html.

［48］教育部． 中共中央关于教育体制改革的决定［EB/OL］． http：//www. moe. gov. cn/jyb_sjzl/moe_177/tnull_2482. html.

［49］教育部． 中共中央国务院关于深化教育改革，全面推进素质教育的决定［EB/OL］． http：//www. moe. gov. cn/jyb_sjzl/moe_177/tnull_2478. html.

［50］教育部． 中国教育改革和发展纲要（中发〔1993〕3 号）［EB/OL］． http：//www. moe. gov. cn/jyb_sjzl/moe_177/tnull_2484. html.

［51］金东海，蔺海沣，安亚萍．"后4%时代"教育经费管理制度建设：挑战与超越——基于甘肃省定西市、临夏州和陇南市的调查［J］． 开放教育研究，2013（5）：63-70.

［52］克鲁斯克，B. M. 杰克逊． 公共政策词典［M］． 唐理斌，等译． 上海：上海远东出版社，1992：2.

［53］寇浩宁． 政策何以落实？——政策执行研究的源起、演进及主要理论［J］． 广东行政学院学报，2014（4）：12-18.

［54］劳凯声． 社会转型与教育的重新定位［J］． 教育研究，2002（2）：3-7.

［55］李成宇，史桂芬，聂丽． 中国式财政分权与公共教育支出——基于空间面板模型的实证研究［J］． 教育与经济，2014（3）：8-15.

［56］李美，卢军，苏小忠，等． 地震地磁效应的分形布朗运动的性质及应用［J］． 地震学报，2009，31（6）：650-659.

［57］厉以宁． 关于教育产品的性质和对教育的经营［J］． 教育发展研究，1999（10）：9-14.

［58］廖楚晖． 教育财政：制度变迁与运行分析［J］． 财政研究，2005（3）：18-20.

［59］林小英． 教育政策执行的理论模式评析［J］． 民办教育研究，2006（1）：21-26.

［60］林毅夫，刘志强． 中国的财政分权与经济增长［J］． 北京大学学报（哲学社会科学版），2000（4）：5-17.

［61］刘虹． 教育政策的制定过程研究——以国家中长期教育改革和发

展规划纲要（2010—2020 年）为例 [J]．高等教育评论，2017（1）．

［62］刘亚玲．财政分权对中国教育支出的影响——基于 2002—2009 年省级面板数据的实证研究 [J]．公共经济与政策研究，2018（2）：106 – 115．

［63］刘泽云，袁连生．公共教育投资比例国际比较研究 [J]．比较教育研究，2007（2）：32 – 36．

［64］龙舟．我国教育财政制度改革变迁研究 [J]．当代教育理论与实践，2009，1（4）：7 – 9．

［65］楼继伟．深化财税体制改革 建立现代财政制度 [J]．求是，2014，（20）：24 – 27．

［66］罗伟卿．财政分权是否影响了公共教育供给——基于理论模型与地级面板数据的研究 [J]．财经研究，2010（11）：39 – 50．

［67］吕普生．公共物品属性界定方式分析——对经典界定方式的反思与扩展 [J]．学术界，2011（5）：73 – 78．

［68］马志远．中国财政性教育经费占 GDP 4% 的可行性分析——国际比较的视角 [J]．教育研究，2011（3）：21 – 25．

［69］聂颖，郭艳娇，韩汭洁．财政分权、地方政府竞争和教育财政支出相关关系研究 [J]．地方财政研究，2011（11）：50 – 54．

［70］欧顺田．中国农村义务教育政策执行的梗阻及治理对策研究 [D]．上海：上海师范大学，2014．

［71］庞凤喜，潘孝珍．财政分权与地方政府社会保障支出——基于省级面板数据的分析 [J]．财贸经济，2012（2）：29 – 35．

［72］彭志．从理性、权力到官僚政治视角的转变——对西方学者关于中国政策制定过程研究的述评 [J]．理论探讨，2005（2）：88 – 92．

［73］秦福利．财政性教育经费达到 GDP 4% 的若干思考——基于地方财政的视角 [J]．现代教育科学，2011（5）：47 – 51．

［74］秦强．中国财政分权度测量方法的实证分析 [J]．社会科学家，2010（3）：59 – 61．

［75］丘昌泰．公共政策：当代政策科学理论之研究 [M]．台北：巨流图书公司，1997：95．

［76］人民网．邓小平：目前的形势和任务 [EB/OL]．http：//www. people. com. cn/GB/channel1/10/20000529/80789. html．

［77］人民网．李岚清在全国财政工作会议上要求深化改革振兴财政确保明年财税目标实现 [EB/OL]．http：//www. people. com. cn/item/ldhd/lilanq/1998/huiyi/hy0075. html.

［78］人民网．中共中央关于完善社会主义市场经济体制若干问题的决 定 ［EB/OL］．http：//cpc. people. com. cn/GB/64162/64168/64569/65411/4429165. html.

［79］孙彬，汪栋．我国教育财政投入记忆性的实证研究——基于分数布朗运动模型［J］．教育发展研究，2017，37（23）：42 –49.

［80］孙磊．新预算法与我国新一轮财税体制改革［J］．宏观经济研究，2015（2）：16 –25.

［81］孙绵涛．教育政策学［M］．北京：中国人民大学出版社，2010：177.

［82］托马斯·R. 戴伊．自上而下的政策制定［M］．鞠方安，译．北京：中国人民大学出版社，2002：6.

［83］汪丞，周洪宇．关于制定教育投入法的思考［J］．教育与职业，2012（26）：5 –8.

［84］汪丞．国家财政性教育经费支出达 GDP 4% 后稳步提高保障机制［J］．教育与职业，2013（11）：8 –10.

［85］汪栋，蒋劭杰，黄斌．我国教育税收管理制度改革的路径选择［J］．税务研究，2017（3）：115 –120.

［86］王蓉，杨建芳．中国地方政府教育财政支出行为实证研究［J］．北京大学学报（哲学社会科学版），2008（4）：128 –137.

［87］王善迈．关于教育产业化的讨论［J］．北京师范大学学报（社会科学版），2000（1）：12 –16.

［88］王善迈．以制度规范保障财政教育投入［J］．教育与经济，2012（3）：1 –3.

［89］王绍光．中国公共政策议程设置的模式［J］．中国社会科学，2006（5）：86 –99.

［90］文新华，鲁莉．如何落实财政性教育经费占 GDP 4%？——兼论我国基本实现教育现代化的公共财力保障［J］．华东师范大学学报（教育科学版），2012（1）：43 –49.

［91］熊筱燕，王鲁沛．提高财政性教育经费占 GDP 比例的对策思考［J］．江苏高教，2010（6）：45 –47.

［92］杨灿明，赵福军．财政分权理论及其发展述评［J］．中南财经政法大学学报，2004（4）：3 –10.

[93] 杨良松. 中国的财政分权与地方教育供给——省内分权与财政自主性的视角 [J]. 公共行政评论, 2013 (2): 104 - 134.

[94] 杨志勇, 杨之. 中国财政制度改革 30 年 [M]. 上海: 上海人民出版社, 2008: 84.

[95] 姚继军, 张新平. "后 4% 时代" 公共财政如何更好地保障教育的改革与发展 [J]. 教育与经济, 2014 (4): 9 - 13.

[96] 余俊, 姜伟, 龙琼华. 国际股票市场收益率和波动率的长记忆性研究 [J]. 财贸研究, 2007, 18 (5): 84 - 90.

[97] 袁连生. 财政教育经费暂时不宜与财政收支脱钩 [J]. 教育与经济, 2014 (1): 11 - 12.

[98] 袁连生. 论教育的产品属性、学校的市场化运作及教育市场化 [J]. 教育与经济, 2003 (1): 11 - 15.

[99] 袁振国. 教育政策分析与当前教育政策热点问题 [J]. 复旦教育论坛, 2003, 1 (1): 29 - 32.

[100] 岳昌君, 丁小浩. 教育投资比例的国际比较 [J]. 教育研究, 2003 (5): 58 - 63.

[101] 张宝贵. 确定公共教育经费占 GDP 比重的依据——基于计量经济学理论的数学模型分析. 复旦教育论坛, 2009 (4): 42 - 47.

[102] 张宝文. 关于实现财政性教育经费占 GDP 4% 目标的思考 [J]. 教育探索, 2011 (4): 81 - 82.

[103] 张成福, 党秀云. 公共政策执行的低效率分析 [J]. 行政论坛, 1996 (6): 4 - 6.

[104] 张光, 江依妮. 为什么财政教育投入达不到占 GDP 百分之四的目标: 一个基于跨省多年度数据分析的实证研究 [J]. 公共行政评论, 2010, 3 (4): 68 - 84.

[105] 张光. 测量中国的财政分权 [J]. 经济社会体制比较, 2011 (6): 48 - 61.

[106] 张光. 转移支付对县乡财政教育支出的影响——以浙江、湖北、陕西为例 [J]. 教育与经济, 2006 (2): 29 - 32.

[107] 张金马. 政策科学导论 [M]. 北京: 中国人民大学出版社, 1992: 157.

[108] 张军, 周黎安. 为增长而竞争 [M]. 上海: 上海人民出版社, 2008: 36.

［109］张茂林．我国教育财政投入目标的制度缺失与对策研究［J］．科教导刊，2012（11）：6 – 14．

［110］张琦．公共物品理论的分歧与融合［J］．经济学动态，2015（11）：147 – 158．

［111］张学敏，兰正彦．"后4%时代"我国的公共教育财政制度研究［J］．国家教育行政学院学报，2014（4）：19 – 26．

［112］赵兴罗，粟小芳．财政分权与地方政府教育支出——基于省级面板数据的实证分析［J］．财政监督，2018（5）：75 – 81．

［113］郑磊．财政分权、政府竞争与公共支出结构——政府教育支出比重的影响因素分析［J］．经济科学，2008（1）：28 – 40．

［114］中国网．国务院关于实行"划分收支、分级包干"财政管理体制的通知（国发〔1980〕33号）［EB/OL］．http：//www. china. com. cn/law/flfg/txt/2006 – 08/08/content_7058087. htm．

［115］中国政府网．中共中央关于构建社会主义和谐社会若干重大问题的决定［EB/OL］．http：//www. gov. cn/govweb/gongbao/content/2006/content_453176. htm．

［116］周国雄．公共政策执行阻滞的博弈分析——以环境污染治理为例［J］．同济大学学报（社会科学版），2007，18（4）：91 – 96．

［117］周洪宇，雷万鹏．2013中国教育黄皮书［M］．武汉：湖北教育出版社，2013：33 – 35．

［118］周洪宇．将财政性教育经费投入纳入地方政府考核指标［J］．今日中国论坛，2008（5）：26 – 28．

［119］周黎安．中国地方官员的晋升锦标赛模式研究［J］．经济研究，2007（7）：36 – 50．

［120］周元武．2012年国家财政性教育经费支出达到GDP 4%的时间表意味着什么？［J］．湖北经济学院学报，2010（2）：95 – 100．

［121］邹俊伟，杨中全，段谋娟．财政分权、转移支付与地方政府教育投入努力［J］．中央财经大学学报，2010（01）：12 – 16．

［122］Akai N，Sakata M. Fiscal decentralization contributes to economic growth：evidence from state-level cross-section data for the United States［J］．Journal of Urban Economics，2002，52（1）：93 – 108．

［123］Barlow R. Efficiency Aspects of Local School Finance［J］．Journal of Political Economy，1970，78（5）：1028 – 1040．

[124] Barr N. The Economics of the Welfare State [D]. Oxford University Press, 1998: 329.

[125] Baskaran T, Hessami Z. Public education spending in a globalized world: Is there a shift in priorities across educational stages? [J]. International Tax and Public Finance, 2012, 19 (5): 677 – 707.

[126] Brennan H G, Buchanan J M. The power to tax: analytical foundations of a fiscal constitution [J]. Southern Economic Journal, 1980, 48 (2).

[127] Busemeyer M R. Social democrats and the new partisan politics of public investment in education [J]. Journal of European Public Policy, 2009, 16 (1): 107 – 126.

[128] Busemeyer M R. The Impact of Fiscal Decentralisation on Education and Other Types of Spending [J]. Swiss Political Science Review, 2008, 14 (3):451 – 481.

[129] Busemeyer M R. Determinants of public education spending in 21 OECD democracies, 1980 – 2001 [J]. Journal of European Public Policy, 2007, 14 (4): 582 – 610.

[130] Daniel S. How corruption diminishes the effectiveness of public spending on education in Indonesia [J]. Bulletin of Indonesian Economic Studies, 2012, 48 (1): 85 – 100.

[131] Ebel R D, Yilmaz S. On The Measurement And Impact Of Fiscal Decentralization [J]. World Bank Policy Research Working Paper No. 2809, 2002.

[132] Elmore R F. Backward Mapping: Implementation Research and Policy Decisions [J]. Political Science Quarterly, 1979, 94 (4): 601 – 616.

[133] Faguet J P. Does decentralization increase government responsiveness to local needs? Evidence from Bolivia [J]. Journal of Public Economics, 2004, 88 (34): 867 – 893.

[134] Fernandez R, Rogerson R. The Determinants of Public Education Expenditures: Longer-Run Evidence from the States. Journal of Education Finance [J]. 2001, 27 (1), 567 – 583.

[135] Fiva J H. New Evidence on the Effect of Fiscal Decentralization on the Size and Composition of Government Spending [J]. Finanzarchiv, 2006, 62 (2):250 – 280.

[136] Gius M P. Using Panel Data to Determine the Effect of the Americans

with Disabilities Act on Per – Student Public Education Expenditures at the State Level [J]. Public Budgeting & Finance, 2006: 81 – 88.

[137] Goggin M L, Bowman A O, Lester J P, et al. Implementation Theory and Practice: Toward A Third Generation [J]. American Political Science Association, 1990, 85 (1): 324.

[138] Granado F J A D, Martinez-Vazquez J, Mcnab R. Fiscal Decentralization and The Functional Composition of Public Expenditures [J]. International Center for Public Policy Working Paper, 2005, 35 (2): 55 – 62.

[139] Gur N, Boyaci I, Ozcan Y. In Public Education Expenditures We Trust: Does Trust Increase Support for Public Education Expenditures [J]. Educational Sciences: Theory & Practice, 2015, 15 (2), 377 – 385.

[140] Kim S H, Price F W. Some Factors Affecting Public Spending on Public Higher Education [J]. Peabody Journal of Education, 1977, 54 (4): 256 – 261.

[141] Lipsky, M. Toward a theory of street – level bureaucracy. [J] Annual Meeting of the American Political Science Association, 1969: 48 – 69.

[142] Locke E A, Latham G P. Building a practically useful theory of goal setting and task motivation. A 35 – year odyssey. [J]. American Psychologist, 2002, 57 (9): 705.

[143] Mauro P. Corruption and the composition of government expenditure [J]. Journal of Public Economics, 1998, 69 (2): 263 – 279.

[144] Molina-Moraies A, Amate-Fortes I, Guarnido-Rueda A. Institutions and Public Expenditure on Education in OECD Countries [J]. Review of Public Economics, 2013, 204 (1): 67 – 84.

[145] Musgrave R A. The theory of public finance: a study in public economy [J]. Journal of Political Economy, 1959, 99 (1): 213 – 213.

[146] Ness E C, Tandberg D A. The Determinants of state spending on Higher education: How Capital Project Funding Differs from General Fund Appropriations [J]. The Journal of Higher Education, 2013, 3 (84): 329 – 362.

[147] Potrafke N. Public Expenditures on Education and Cultural Affairs in the West German States: Does Government Ideology Influence the Budget Composition [J]. German Economic Review, 2010, 12 (1): 124 – 145.

[148] Qiao B, Martinez-Vazquez J, Xu Y. The tradeoff between growth and

equity in decentralization policy: China's experience [J]. Journal of Development Economics, 2008, 86 (1): 112 – 128.

[149] Sabatier P A, Jenkins-Smith H C. Policy Change and Learning: An Advocacy Coalition Approach [J]. Canadian Public Policy, 2006, 20 (3).

[150] Sabatier P, Mazmanian D. The conditions of effective implementation: a guide to accomplishing policy objectives. [J]. Policy Analysis, 1979, 5 (4): 481 – 504.

[151] Samuelson P A. The Pure Theory of Public Expenditure [J]. Review of Economics & Statistics, 1954, 36 (4): 387 – 389.

[152] Smith T B. The policy implementation process [J]. Policy Sciences, 1973, 4 (2): 197 – 209.

[153] Smith T B. The policy implementation process [J]. Policy Sciences, 1973, 4 (2): 197 – 209.

[154] ThiessenU. Fiscal Decentralization and Economic Growth in High-Income OECD Countries [J]. Fiscal Studies, 2003 (2): 237 – 274.

[155] Tsang M, Levin H M. The Impact of Intergovernmental Grants on Educational Expenditure [J]. Review of Educational Research, 1983, 53 (3): 329 – 367.

[156] Verbina I, Chowdhury A. What determines public education expenditures in Russia? [J]. Economics of Transition, 2004, 12 (3): 489 – 508.

[157] Yingyi Qian, Barry R. Weingast. China's transition to markets: market-preserving federalism, chinese style [J]. Journal of Policy Reform, 1996, 1 (2): 149 – 185.

[158] Zhang T, Zou H F. Fiscal decentralization, public spending, and economic growth in China [J]. Journal of Public Economics, 2001, 67 (2): 221 – 240.